SO I WILL MAKE IT ♡

SO I WILL MAKE IT

だから私はメイクする

悪友たちの美意識調査

劇団雌猫

柏書房

はじめに

朝起きて、歯を磨いて、顔を洗う。
老若男女誰もが行っている、毎日のルーティンです。
しかし女性には、さらにやらないといけないことがあります。

それが、「化粧」。

すっぴんで外に出ていいのは、せいぜい高校生まで。あの頃は「髪を染めるな」「化粧をして学校に来るな」と言われていたくらいなのに、大学や会社に入ったとたん、「女ならメイクをしてくるのが当たり前」「眉毛とファンデは最低限のマナー」と言われて、理不尽に感じながらも仕方なくメイクをしている人も、多いのではないでしょうか。

また、日々「キラキラOLになりたいならこう」「今年のトレンドに乗り遅れない

で！」などと語りかけ、女の格好はかくあるべし、モテたいなら美しくなれという規範を押し売ってくる雑誌や広告を目にし続けて、よそおうことそのものへの苦手意識が根付いてしまった人もいるでしょう。

あるいは、ほんとうは確固たる自分のスタイルを持っているのに、それを自由に出せず息苦しさを覚えている人もいませんか？

「就活するなら髪の黒染めはマスト」「接客業だからネイルはＮＧ」「オフィスではスカートは膝丈までが原則」「夏場でもストッキングは必ず着用」……。

世間でなんとなく作り上げられてきた「身だしなみのマナー」に反しないように自分のおしゃれを矯正していくうちにいつのまにか、ほんとうに好きな自分の格好がわからなくなってしまうなんてことも、きっとあるだろうと感じています。

今、この文章を書いている私もその一人。女子校育ちの根っからのオタク女子であるがゆえに、男子の目を気にして好かれそうな格好をすることも、ファッション誌を通じて世間一般のトレンドを学ぶこともなく、大人になりました。アニメやマンガの女の子たちがキラキラしたコスチュームに変身するのはうっとりと眺めていたのに、現実世界の自分がメイクやおしゃれをすることは、「他人の要求に適《かな》った自分になること」に思えて、どこか敬遠していたのです。

しかし、インターネットで知り合った友達が増えるにつれ、まるでアイドルやアニメキャラクターを応援するかのように、特定のコスメブランドにハマったり、推している作品を考察するくらいの熱心さで、自分の顔にあったメイク術を編み出したりしている人がいるのに気づきました。それからは、愛をそそげる趣味のひとつとして、「よそおう」という行為を見られるようになったのです。

「メイクって、自分のためにやっていいんだ?」
「おしゃれって、すごく自由なことなのでは?」

まるで「枷《かせ》」のように感じていたコスメや洋服が、なりたい自分への扉をひらく「鍵」だと知れてから、日々自分をよそおう時間が、ほんとうに楽しいひとときになりました。そして、周囲にいるあの人、この人……いろんな人のよそおいの裏にある美学を知りたいと感じ始めたのです。そうした思いから生まれたのが、本書『だから私はメイクする――悪友たちの美意識調査』です。
待っているのは全員、実在の女たち。コスメオタク、アイドルオタク、バリキャリOL、ロリータ、元アイドル、ドバイのネイリスト……などなど。総勢15人の女たちが、普段は明かしていない自分の「美意識」についてつづっています。

自分のためにするおしゃれも、他人のためにするおしゃれも、まだスタンスが定まらずに模索するおしゃれも、すべてはその人が「どうありたいか」と結びついた、その人ひとりだけのものに他なりません。そして、誰かがおしゃれをしたい理由、したくない理由を掘り下げることは、その誰かが「どうありたいか」を知っていく過程でもあると思います。自分の「好き」をつらぬいた格好も、世間の「ウケ」を狙った格好も、その人の生き方の表明である限り、ひとしく美しく、そしてめちゃくちゃかっこいいものなのです。

自分自身の美意識を探りたい人も、そして女性たちの「美」の実情を知りたい人も、ぜひ彼女たちのよそおいの裏側を、のぞいてみませんか？

劇団雌猫　ひらりさ

もくじ

CHAPTER 1

自分のために

CHAPTER 2

他人のために

CHAPTER 3

何かを探して

CHAPTER 1

自分のために

私の顔は真っ白なキャンバス

あだ名が「叶美香」の女

名前：ニシキヘビさん(30)　出身：北海道
好きな映画：劇場版セーラームーンR　性格：マイペース

№01

私はぞくに言う「腐女子」だ。人生の半分以上、ボーイズラブ——男性同士の恋愛を自分の恋愛以上に熱心に応援している。

中高生時代は特におしゃれに興味を持つこともなく、ジャニーズを応援したりBLを読んだりといった趣味に全力投球していた。

が、ふと「大学生になるし、せめて人並みに小綺麗になりたいな……」と思い立ち、高校生活後半になると友達に教えてもらいながら徐々に化粧を覚えていった。

幸か不幸か元が地味顔の私の顔面は、言わば真っ白なキャンバス。描けば描くほどおもしろいくらいに顔が変わる。もともとオタク気質でのめり込みやすいのもあり、みるみる「顔面お絵描き」にハマっていった。

凝り性の私のメイク工程は、いつしかものすごく複雑になっていた。一度に使うアイテムは20以上、かける時間は1時間半。ここまでする必要は一切ないことを前置きしつつ、全過程を紹介しよう。

まずはベースメイク。ナチュラルメイクには一切興味がなく、人間味を殺した不自然に作り込まれた顔が好きなので、理想の肌を作るためには手始めに毛穴を抹殺しなければならない。

　まずポイントマジックPRO ポアカバーで毛穴を埋め、そのうえにやはり下地であるポール＆ジョー ラトゥーエクラを塗り、さらにイヴ・サンローラン ラディアント タッチ ブラープライマーで肌を平《たい》らにする。ファンデーションはカバー力が評判のエスティローダー ダブルウェア ステイ インプレイス メークアップを、水を含ませたオリーブヤング チョクチョクパフで塗る。このスポンジがかなり優秀で、カバー力が最強な代わりに、伸びが悪いダブルウェアもムラなく塗れるのだ。

　クマを消すにはケサランパサラン アンダーアイブライトナー、そばかす対策にはthe SAEMチップ コンシーラー、最後にミラノコレクション フェースアップパウダーをCanon エバーソフトで叩き込む。アイテムごとにスポンジを使い分けることで、仕上がりが見違えるのだ。

　そのあと、鼻、顎《あご》、こめかみから頬にかけてのCゾーン、そして上唇の山の部分にM・A・C ミネラライズ スキン フィニッシュ #LIGHTSCAPADEでハイライトを入れる。最後に、鼻筋と輪郭にキャンメイク シェーディングパウダーで陰影を入れて、やっと私が満足いく肌が完成する。

「さすがに塗りすぎでは？」と思う人も多いだろう。私もそう思う。でも、血が通ってなさそうな陶器肌になりたいのと、メイクという行為自体が楽しくて、どんどんアイテムが増えてしまう。

　メイクやファッションで私が重視していることが2つある。1つは〈限界を決めない〉ことだ。

　限界を決めないとは、どういうことか？　たとえば「一重だから」「目が小さいから」と諦めるのではなく、「それならメイクで二重にすればいいじゃない？」「自分が〝目〟として見られたいところまでラインを引けばいいじゃない？」といった具合に、自分のなりたい顔を目指して、とりあえずチャレンジしてみるということだ。もちろん失敗することもあるが、自分の顔は自分のもの。自分が楽しければいいのだ！

化粧がマックスで濃かった頃、その濃さからあだ名が〝美香さん〟だった。ゴージャス&ファビュラスなことで有名な芸能人・叶姉妹の「美香さん」に由来するネーミングである。当時の彼氏に初めてスッピンを見せた時には、震える声で「千原ジュニアみたいだね……」と言われた。正直、男性芸人にたとえられたショックより、オフとオンで、千原ジュニアと叶美香ほどの差が生じるくらい、理想のメイクができているのだと認められたことの方が嬉しかった。

さて、メイク工程に戻ろう。土台ができた後は、ポイントメイクだ。アイメイクの目標は、〝目が合うと失神しそうなくらいバッチリなドーリーアイ〟。マキアージュ エッジフリー アイラッシュカーラーで上下のまつ毛をカールさせ、まぶたにはNARS デュオアイシャドー SURABAYAの2色を使って、縦のグラデーションをつくる。その後、ギラギラしたオレンジが気に入っているボビイブラウン リュクスアイシャドウ ヒートレイをアイホール全体に。

スプリングハートのペンシルアイライナーと目尻はモテライナーのリキッド（どちらもブラウン）でアイラインを引く。ポイントはなんと言っても遠慮しないこと。先ほども言ったように、〝限界を決めない〟で、目としたいところまで躊躇なくラインを伸ばすことで、理想の目ができあがる。

マスカラはデジャヴュ ハイパーウィッグウルトラロングFのブラウン、つけまつ毛はスプリングハートアイラッシュ01ナチュラル。毛は自然なのに軸が太く、つけまつ毛をつけることで二重まぶたも実現できる、私の必需品だ。つけま糊にもこだわりがあって、D-UP アイラッシュフィクサーを愛用している。かなり強力で、丸一日びくともしないのだ。

その後、下まぶたにエチュードハウス キラキラアイシャドウ ＃9をのせて涙袋をつくる。涙袋はそこまでが目だと錯覚させられるので、目の大きさを盛ることができる。

眉毛はKATE デザイニングアイブロウで平行に。自眉毛よりも眉尻を長くすると顔の余白が減って小顔効果がある気がしている。

ここまで来たらもう少し。リップにベリサム ティントパック、チークにNARS FINAL CUT COLLECTIONで、顔に赤みを足してラストスパート。KAT-TUNの亀梨和也《かめなしかずや》ファンである私は、彼主演のドラマタイトルに惹かれてこのチークを買った。かわいいコーラルピンクだし、自分のメイクにも合っていて、重宝している。

最後に、顔全体にクラランス フィックスメイクアップを吹きかけて、化粧崩れを防げば完成である。繰り返すが、ここまでたくさんのアイテムを使ってメイクする必要はまったくない。私も、仕事の日などはもっとシンプルに済ませている。

どうしてここまでメイクに凝るのか？ ここで伝えたいのが、私がメイクやファッションで重視しているもう1つの要素が〈変身〉だということだ。〝50年代海外女優〟や〝クラシカルお嬢様〟〝色素薄い系オルチャン（韓国美人）〟など、自分がイメージした憧れの女性になるためにメイクに時間と手間をかけるのだ。

服を選ぶときも、モノ単品に萌えて買ってしまいそうになる衝動を抑え、なるべく脳内で手持ちのアイテムと合わせてトータルコーディネートをする。判定基準は〝変身したいキャラクターを構成するにふさわしいか〟だ。そうすればおのずと全身に統一感が出るし、使い方が分からず〝タンスの肥やし〟になるのを最低限に抑えることができる。私がよく買う洋服のブランドはan another angelus。ちょっと古着テイストでフェミニンな服が多く、〝クラシカルお嬢様〟に変身するのにぴったりだ。

ただ少しつらいのは、田舎在住のため、多くのアイテムは実店舗で買うことが難しいこと。もっぱらネット通販に頼ることになり、サイズや素材感が思っていたのと違うという失敗も多い。

周りにここまで美意識に魂を燃やしている人も少ない。いつも同志に飢えている状態だ。

最初は「せめて人並みに……」で始まった美容やファッションが、いつの間にかBLに並び立つ、大好きな趣味になっていた。

お察しの通り、ここまで自己満足にメイクを追求していると、大抵の男性からの評判はすこぶる悪い。たまにメイクを薄くすると「そっちの方がいいよ！」などと、聞いてもいないのにありがたいご意見をくれる方もいる。しかし、私が目指しているのは〝男性ウケが良さそうな親しみやすいかわいさ〟ではなく〝浮世離れしていて迂闊に話しかけられない強い顔〟。意見をいただいても「私のメイク、ちゃんと周りを威嚇《いかく》できてたんだ！」と、引き続き強いメイクをし続ける自信に繋がるだけだ。

私はたまたま美容やファッションが大好きになったが、それに対してたびたび「女子力が高いね」と言われることには少し抵抗がある。おそらく褒めてくれているのだろうし、ありがたい気持ちもあるのだが、あくまで個人的な趣味であり、〝女子力〟ではない。BLを読むのと同じで、好きだからやっているだけだ。

「女性たるもの小綺麗にしていなくては」「美容は女の特権」というような、属性で「〇〇であるべき」と決めつけられるのがどうにも性《しょう》に合わない。美容もファッションも選択制の嗜好品。老若男女したい人は好きなだけして、興味がない人はしないのが当たり前の世界になってくれることが私の願いである。

そして今日も私は美容スチームを浴《あ》び、スキンケアをしながらスマホで男同士の動画を見る。あぁ、なんて幸せな時間なのだろう‼

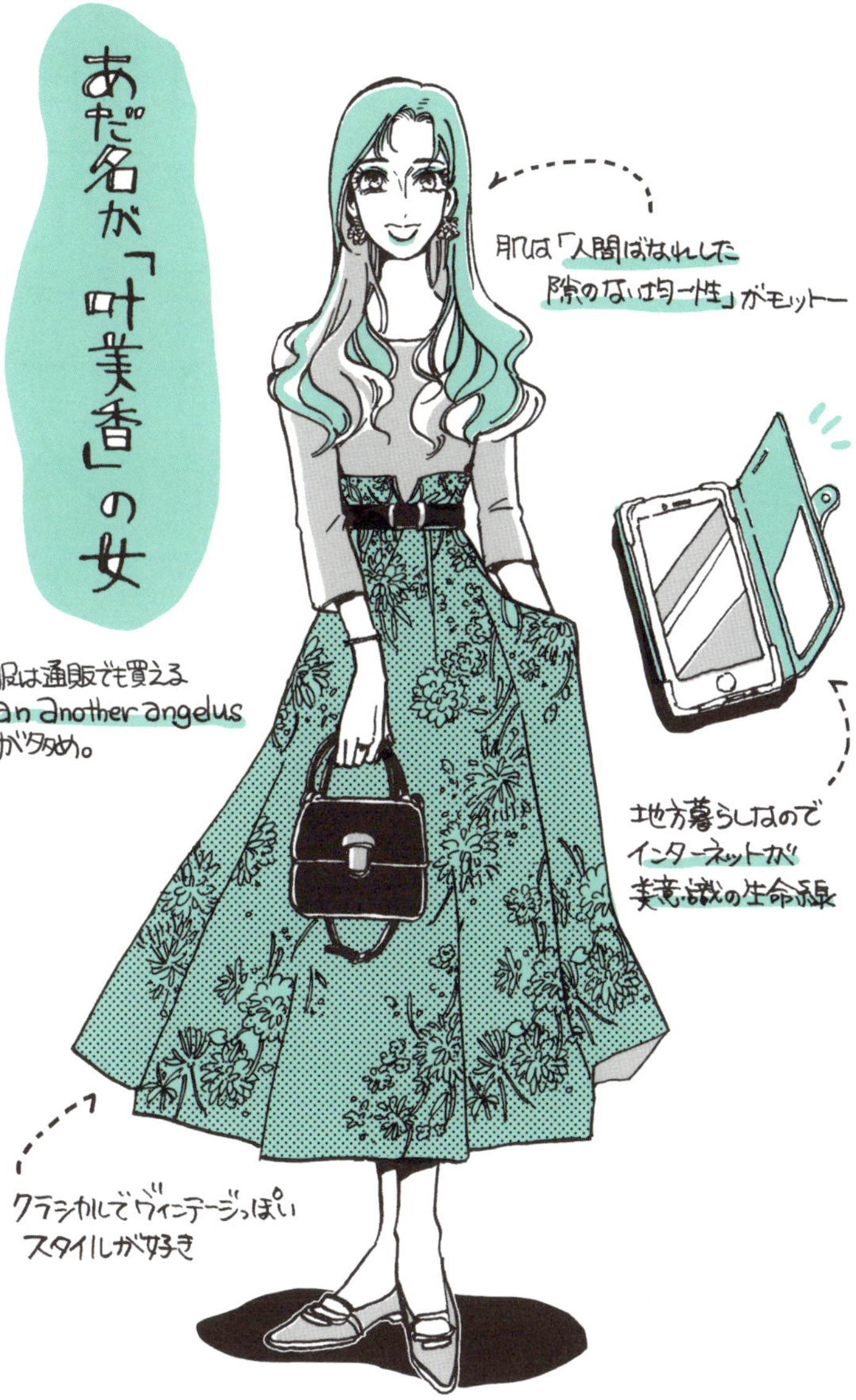
あだ名が「叶美香」の女
肌は「人間ばなれした
隙のない均一性」がモットー
服は通販でも買える
an another angelus
が多め。
地方暮らしなので
インターネットが
美意識の生命線
クラシカルでヴィンテージっぽい
スタイルが好き

指の上でコンサートは続く

指先にファンタジーを描く女

名前：コツメカワウソさん(29)　出身：高知県
好きな映画：WE ARE Perfume WORLD TOUR
性格：効率とコスパが大好き

№02

指先のぎりぎりのところまで爪を短く切るのが好きだった。

白い部分は残さずピンクの部分だけを残し、かっちりと切り揃えられた爪は、手の甲全体を見た時は不格好でも、どんな手作業をする時も弊害が無く、気持ちもスッキリとするので好きだった。ちょうど好きなアイドルだって、ブログで爪を短く切り揃える派だって言っていた。同じだ。私は女で、好きなアイドルは男であるという点を無視すれば。

お洒落な女の子たちが爪の上にさまざまなファンタジーを乗せているのを見るのは好きだった。綺麗な弧《こ》を描いた爪先、ベースにはピンクやレッドなどの女の子らしい色、その上にはストーンがきらきらと光る。彼女たちが手を動かすたびに華やぐそれを、自分の手にも施《ほどこ》すことになろうとは、1年前には思ってもみなかった。

私がネイルをしなかった最たる理由は、コストだった。友人たちの煌《きらめ》く指先を見つめながら、「そのネイル、いくらするの？」と聞くと、月4000〜8000円の幅で返事が返ってくる。ジャニヲタの私は何でもコンサート1公演分の値段（約7000円）を1単位として考える。ステージの上で踊るアイドルの煌きと、自分の指の上で踊るファンタジーの煌きを天秤にかけると、常に前者の方が勝っていた。

もうひとつの理由に、せっかちで不器用というのがあった。一度セルフネイルにトライしたことがあったが、爪の形をなぞるように綺麗に塗れた試しがなく、また乾く時間を待てずにいろんなものに触ってしまいヨレてしまうのが常だった。せっかちで不器用な私に、こんな細かな作業は向いてないのだと諦めていた。コンタクトを入れるのにも不便が無いし、缶ジュースだってスムーズに開けられる。ナチュラルな爪であることの方が圧倒的に利便性が高い、と自分に言い聞かせていた。

そんなある日、仕事中に急にネイルをしてみたくなった。その時に行われていた好きなアイドルのコンサートツアーが終盤を迎えるタイミング。あの大好きだったステージを指の上で再現することにより、ツアーの千秋楽が終わった後も、私の指の上でコンサートは生き続ける……！と急に閃《ひらめ》いたのだった。

思い立ったが吉日、会社近くのネイルサロンを予約し、仕事終わりに駆け込んだ。

ツアーグッズのTシャツの画像を見せながら、ネイリストにイメージを伝える。数日前に切り揃えられたばかりの私の爪はチョンチョンに短かったが、プロはそれを綺麗に整え、指の上で私の大好きなステージを再現し始めた。「人差し指はこうして、中指はこうして」と言いはじめたところ、アートができるのは片手2本までになると断られた。今回私は満を持《じ》してコンサート1公演分のお金を出すというのに、そのお金で細かい作業をしてくれるのは、指10本中4本のみ、残りは単色塗りになる、と言う。ケチ。ケチなのは私の方かもしれないが、頭の中でそうつぶやかずにはいられなかった。もちろんサロンは星の数ほどあるので、私が行ったサロンの価格設定が高かっただけかもしれないが、その瞬間私はこのお金を「観察代」として支払うことにした。ネイリストが私の爪に施す技術を一部始終じっくり観察するための代金。それで自分にもできそうであれば、次回からは自分で行う。できなさそうであれば、私はネイルとの相性が良くなかったと今度こそ本当に諦める。

出来上がった指は確かに私の注文通りだったが、私は作業を一部始終見て、ふつふつとこれなら自分にもできるかもしれないと根拠のない自信が湧いていた。しかし練習しようにも、私の指にはたった今施されたばかりのネイルが乗っている。練習ができない。とりあえず2週間程そのネイルを楽しみ、また同じネイルサロンに行ってオフしてもらった。

そこから私は毎週、マニキュアを塗っては落とし、また新しいマニキュアを塗る、というルーティンを繰り返した。土曜日の午前中、1週間録り溜めたテレビ番組を再生しながら塗って乾かすと、ちょうど一石二鳥で、以前よりたくさん番組を見るようになった。また、ただ塗って自己完結しても上達しないと思い、100人程の友人たちが見ているInstagramに、毎週写真をアップし続けた。最初のうちはそんなに上手でもないネイルの写真を友人たちがどんな気持ちで見ていたかは分からないが、15週目あたりで「塗り方上手くなったね」と言ってもらえるようになった。

最初は爪からはみ出したり色ムラがあったが、刷毛に強い力を加えずに自然と液が広がっていくことに身を委《ゆだ》ねてみたら、表面張力で綺麗に、まあるく形作られることが分かった。そして何より乾くまでの間は無理に動かないことである。私はせっかちゆえに乾く前にまわりのものや服に触れてヨレてしまうことが多かったが、それを解決するために「爪が乾くまでの間○○をして待つ」とルールを決めた。録画していたドラマを見る、YouTubeを見る、でも何でも良い。とにかく手を動かさずにできる作業を用意して、爪の完成を待つことに集中する。

そうして毎週セルフネイルを繰り返し、現在32週目。あの時コンサート1公演分の値段で4本の指にしかアートを施せなかったが、今は自分で全ての指に簡単なアートを施すこともできるようになった。自分の力で爪にコンサートの世界観を再現することだってできる。継続は力なり。

あの夏ステージの上で黄色やピンクのタイダイのTシャツを着て、気持ちよさそうに踊っていたアイドルは、黄色やピンクのタイダイに染まった爪を見れば容易に思い出すことができ、熱い炎の中で力強く歌い踊っていた姿は、赤や金色のラメを組み合わせた爪を見れば、鮮やかに蘇る。思い出は形として身体に刻むことができる。

コスト面以外でもセルフネイルがもたらす功績は大きかった。人に会う度「ネイル可愛いね」と言ってもらえる。ネイルをしているだけで、コミュニケーションの種がひとつ増えるのか、と目からウロコだった。そしてサロンではなくセルフで行っていると言うと、またひとつ驚いてもらえるので、そのやり取りが新鮮で楽しい。

そして何より自分が幸せになれる。仕事でパソコンを打つ指、ご飯を食べる時の箸を持つ指、携帯電話を操作する指、肌に化粧品を塗り込む指、財布からお金を取り出す指、生活のあらゆる場面で指は私の視界に入る。その度に、指からファンタジーが広がり、私は幸せになれる。もはや指は1平方センチメートルの小劇場。しかも私はその劇場の最前席に鎮座する。こんなに楽しいことはない。メイクはどんなに凝っても顔を見る時間は自分より他者の方が、圧倒的に長い。しかしネイルの一番の視聴者は自分である。一番の視聴者の好みは、自分が一番よく分かっている。

NAIL HOLIC、INTEGRATEのネイルポリッシュが、安さ・速乾性・発色、すべてにおいて優秀で、気づいたら今ネイルポリッシュが100本以上家にある。ヲタクはいつだって買い過ぎる。

ネイルを履修すると今度はメイクにも興味が湧いてきて、さまざまなコスメにも手を出し始めた。爪だけ綺麗にしても何だか身体の先端だけが異様に気合いが入っているみたいで、全体のバランスを取るためにメイクをし、ダイエットにも意欲的になってきた。人の身体とは不思議なもので、どこか一部分を変化させると、そこを基準に設定したかのように、あらゆる部位にも変化を付けたくなってくる。このネイルに似合う顔、このネイルに似合う身体。指先から始まって、結果的に全身で自分改革を楽しむようになった。

今、私の指先には、大好きな赤色が乗っている。真っ赤なネイルにすると少しだけ良い女になれた気がする。そんな高揚感で1週間を過ごし、また土曜日が近づいてきたら、次のネイルはどんなデザインにするか考え始める。まだまだ果てしなくやりたいデザインがあり、飽きる気配はない。指先にその時々の「好き」を詰め込む作業がこんなに楽しいなんて知らなかった。

さて、次はどんなファンタジーを描こうか。

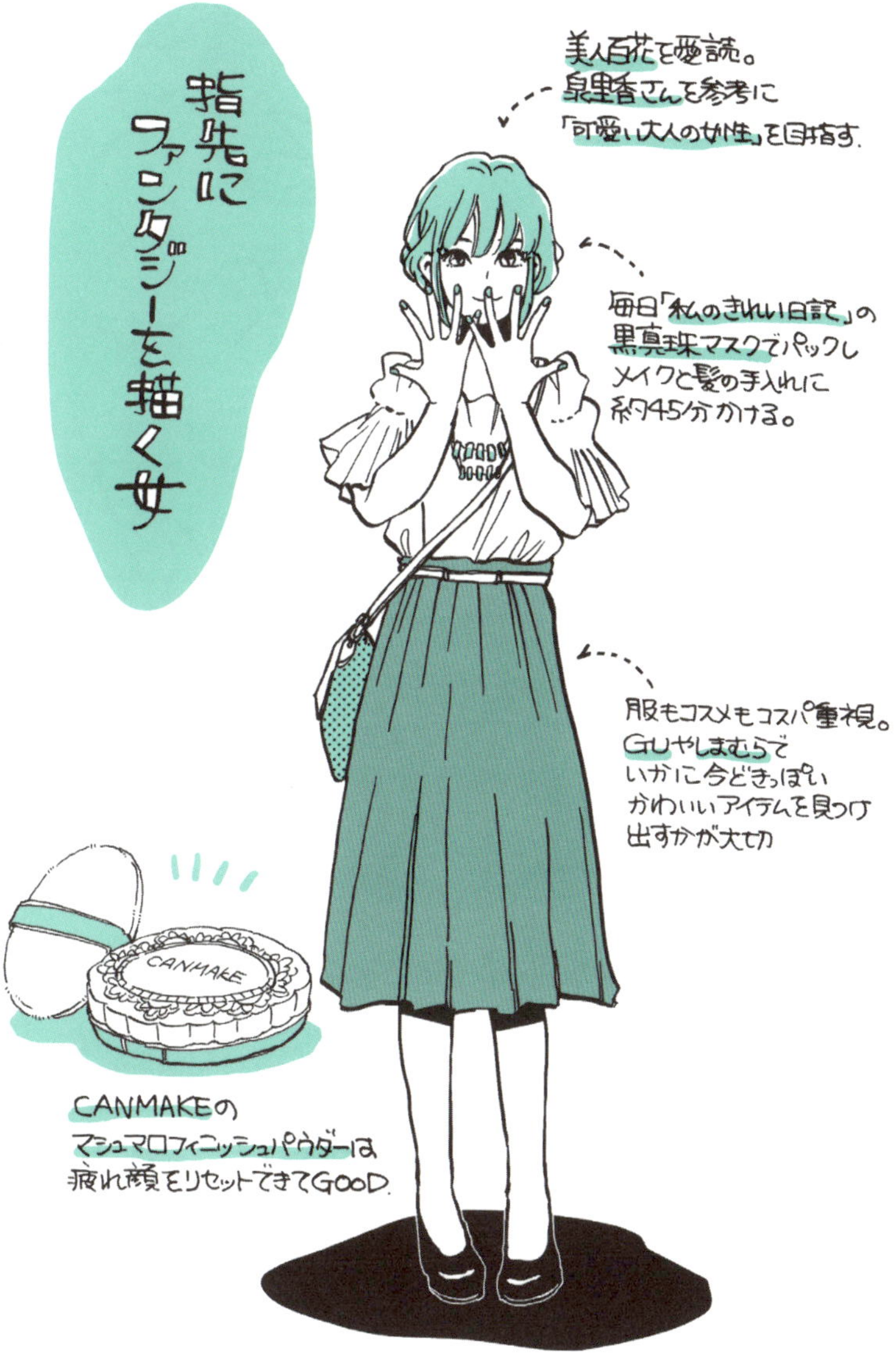
指先にファンタジーを描く女
美人百花を愛読。
泉里香さんを参考に
「可愛い大人の女性」を目指す。
毎日「私のきれいな日記」の
黒真珠マスクでパックし
メイクと髪の手入れに
約45分かける。
服もコスメもコスパ重視。
GUやしまむらで
いかに今どきっぽい
かわいいアイテムを見つけ
出すかが大切
CANMAKE
CANMAKEの
マシュマロフィニッシュパウダーは
疲れ顔をリセットできてGOOD.

コスメは、コミュニケーションのツールだ

コスメアカウントを運営する女

名前：ソマリさん(24)　出身：埼玉県

好きな映画：君の名前で僕を呼んで　性格：ネガティブで楽観的

№03

中学、高校と、おしゃれには無頓着に暮らしてきた。しかし20代になってからの5年間を振り返ると、コスメに概算50万円近くを費やしている。一番好きなコスメブランド・NARSのポイントカードには、1年で10万円以上購入した履歴が残っている。

コスメに興味を持ったのは、大学3年の時。就活のストレスをコスメの浪費で発散していた部分もあったかもしれない。Twitterで、コスメの購入報告や新商品の情報などを発信しているコスメアカウント——通称「コスメ垢《あか》」を見るようになった私は、都会的できれいなお姉さんたちの見よう見真似で、これまでは到底考えられない、1万円近くする粉《こな》（トムフォードのアイシャドウ）や、1万円を超える液体（資生堂の美容液・アルティミューン）を購入するようになった。当初自分のアカウントは、大学のサークル（オタクばかり）でのコミュニケーション目的でやっていたのだが、卒業して社会人となってからは、自分でもコスメ関連のツイートをするようになり、気付けば遠目で見て憧れていたコスメ垢に近いものと化していた。フォロワーは5000人以上、1万人未満。最初はフォロワー3桁台の無名アカウントだったのに、パーソナルカラー診断に行ったツイートをしたところリツイート数が1万を超え、徐々にフォロワーも増えていった。

さて、コスメ垢の本分は「プレゼン」だ。いかにして、私はコスメ垢になったのか。しばしお付き合いいただきたい。

コスメ情報を発信するようになってなんだかんだ約2年が経つ。好きなものを好きと堂々と発表できる場があることは楽しい。

現実の世界では、根がオタクなこともあり、相手からコスメ好きを打ち明けられない限りは、コスメ好きを公表することはない。むしろメイクに興味がないと思われているかもしれない。それはそれで、心の中で「貴方《あなた》はわからないと思うけど、実は今日シャネルの限定アイシャドウを目に纏《まと》っているんだよねー」なんて思って楽しめるので良いのだが、オタクはプレゼンをしたくなる生き物。現実では「引かれるかも」と思って言えないことを吐き出せる場が、私にとってのコスメ垢だ。勝手な憶測だけど、他のコスメ垢の方々もおそらく同じような気持ちを持っているのではないだろうか。

内輪で自分たちの好きなコスメをプレゼンし合う時間は、多幸感に包まれている。そうしたプレゼンのおかげで出会ったコスメは数知れないほどある。たとえば、エバーソフトというメイクスポンジ。これは、コスメ垢をやっていなければ、一生出会うことはなかったアイテムだ。何故なら、このスポンジはLOFTやPLAZAなどの片隅という、事前に存在を知らないと手に取れない場所にあるからである。コスメ垢界隈で、「NARSのライトリフレクティングセッティングパウダー（通称：リフ粉《こな》）をエバーソフトでつけると一日中サラサラの肌を手に入れられる」というツイートが話題になり存在を知ったのだが、実際リフ粉との相性は非常に良く、一日中朝の状態の肌をキープすることができた。改めて、コスメ垢の皆さんには感謝しかない。

そもそもNARS自体、コスメ垢を始める前までは一度も購入したことがなかった。NARSの販売カウンターは黒で統一され、少し近寄りがたかったし、カウンターにいるBA（ビューティアドバイザー）さんたちも、一見話しかけづらい。フランソワ・ナーズ（創始者であり神）の「メイクは自由だ」という哲学に基づいて、BAさんそれぞれが高度なテクニックを駆使したメイクを自身に施《ほどこ》しているためだ。

そんな私がNARSのカウンターに立ち寄ったきっかけは、NARS好きの先輩コスメ垢だ。

その方のツイートは、とてもNARS愛に溢れていて、見ているだけで「今すぐNARSのカウンターに行きたい！」と思わせる熱量があった。NARSのリフ粉やデュオアイシャドーの粉質が素晴らしく良いということと、パーソナルカラー診断でイエローベースに分類された人間向きの暖色系のアイテムが豊富ということ……まさにイエベ春と診断された自分のためのプロダクトではないか、とすぐさまカウンターに直行した。

そうして、初NARSで購入したのが、先に紹介した「リフ粉」と、よく「イエベ春の大勝利チーク」とツイートされているブラッシュ 4013 Orgasmである。2アイテムとも粉質が良く、特にチークは発色も良く幸福感溢れる頬になったし、今でも毎日使用している。そして、この後も禁断症状を起こしたかのように週2ペースでカウンターに通った。アイシャドーやリップなど、NARSで全顔の装備を揃えられる。そんな経緯で、冒頭に書いたように1年で10万以上の課金をしてしまったのである。言ってしまえば概算100グラム程度の粉に……。

話をコスメ垢に戻そう。これはTwitterのフォロワー数が増えてから思ったことだが、フォロワー数は、オーディエンスの数だと思う。フォロワーが増えてたくさんリツイートやいいねをもらえると、承認欲求が満たされる。堂々と言うのは恥ずかしいけど、やっぱり嬉しい。自分がプレゼンしたアイテムを、実際にフォロワーが使用してくれていることを知るとなおさら嬉しくなる。

つい最近は、エリクシールのおしろいミルクというう化粧下地に夢中になり、発売前からずっとプレゼンしていた。このアイテムは、乳液兼《けん》化粧下地というすぐれもので、朝起きられないズボラ人間としては非常に惹かれたし、何より化粧品会社で一番推《お》している資生堂の商品ということも魅力的だった。発売後に、フォロワーから私のツイートを見て買ったよという報告があり、資生堂の回し者でも何でもないのだが、ただ勝手にプレゼンしていた身としては嬉しかった。

コスメ垢を通じて、フォロワーとコスメ好き同士でコミュニケーションが取れることも楽しい。私はこれまで3回ほど、コスメ垢を運用するフォロワーとオフ会をしたことがある。普段暮らしているだけでは出会わない、職種も年齢も違う女性と、「コスメが好き」という共通点だけで繋がれるのはとても幸せなことだ。

オフ会の内容は、GINZA SIXと銀座三越のコスメカウンターをぶらぶら見て回り、新作について各々の見解を述べ、とらや銀座店でかき氷を食べながら、美容雑誌を読みつつコスメ・美容の情報交換をするというシンプルなものであった。

「CHICCAの夏コレ、めっちゃ可愛い！」
「ルブタンのリップかっこいい！」
「資生堂の接客は最高……」

友達とコスメを見て回るときは、思いの丈を100%出して話してしまうと引かれかねないため、興奮を抑えて常識的な範囲で盛り上がることが多い。しかしそれが、同じくらいコスメへの熱量があるフォロワーとであれば別である。カウンターを友人といる時の3倍くらいの時間をかけて見て回り、お互いの推しブランドの前では立ち止まり、いかにそのブランドが良いかを語り合う。Ｔｗｉｔｔｅｒで日々している会話をそのまま現実でやっているだけなのだが、目の前にコスメがあると楽しさが断然グレードアップする。ＣＨＩＣＣＡ推しの方に、「ＣＨＩＣＣＡのイメージは透明感のある儚《はかな》い女の子で、たとえばアイドルマスターの萩原雪歩《はぎわらゆきほ》みたいな感じ」と言われたときは、コスメを擬人化するという発想に、はっとさせられた。他にも、パーソナルカラーによって好きなブランドが違うとか、オフ会をして実際に会って話すと毎回発見がある（オフ会調べでは、内資のブランド＝イエローベース向き、外資のブランド＝ブルーベース向きの色のアイテムが多い印象がある）。

コスメ垢を始めてから、単調な日々が充実するようになった。予定がない平日の仕事終わりはフォロワーとコスメ談議に興じることができるし、会社に行きたくない月曜の朝も、土日に買ったコスメを使おうと思うと、出社する気になった。

私にとってコスメは、コミュニケーションのツールだ。冒頭から書いてきたとおり根っからのオタクでプレゼン好きのため、好きで買っていたコスメも次第にプレゼンの道具になっていった。常に新しいコスメの情報が入ってくるので、情報を追っていると否応無しに毎月のコスメ係数が跳ね上がるのが悩みといえば悩みだ。年齢的にもそろそろ将来に向けて出費を控えたいところだが、コスメ垢の運用は当面やめられそうにない。

コスメが少しでも好きな方、ぜひご自分の好きなＳＮＳでコスメアカウントを始めてみてください。楽しいよ！　そして、オフ会は本当に盛り上がります。この文章を読んで、私が誰かピンと来る方もいるのでしょうか？　いつかインターネットでおしゃべりできますように！

コスメアカウントを運営する女
1月に使う美容代は2〜3万
参考にしているモデルは
鈴木えみ、水原希子、市川実日子
雑誌は『CLUÉL』や『POPEYE』
コスメ垢的オススメブランド
NARS
ポイントメイクで右に出る者ナシ！
色出しが絶妙で毎月限定色を
買うことを強いられる…
クレ・ド・ポー ボーテ
資生堂グループの頂点に君臨。
お値段以上の効果と接客を
体験できる。ポイントメイクなら
グロスで4000円くらいから
購入可。
コスメデコルテ
最近買った美容液
（ホワイトロジスト）
が良くて評価爆上げ。
サンプルをたくさんくれるところも◎
日焼け対策には
あらゆる光をカットする
サンバリア100
遮光がほかの
傘の比ではない

ここだ。私の楽園はここだったんだ……

アイドルにモテるために化粧する女

名前：ミニチュアブタさん(35)　出身：栃木県
好きな映画：プラダを着た悪魔
性格：小さいことを気にしない

№04

みなさん、萌えや愛が一定量を超えるとどうなりますか？
ただただ涙を流し「とうとい……」とつぶやく、声にならない叫びをあげる、呆然とする——。100人いたら100通りの反応があります。私は記憶が一瞬なくなり、その後本当だったのか妄想だったのかわからなくなり戸惑うタイプです。

世の中にはさまざまなオタクがいますが、私が愛を注いでいる対象は、ステージの上でスポットライトを浴び、笑顔を振りまく女子アイドルです。
「同性のアイドルを追いかけているのはおかしい」と揶揄《やゆ》されることもあるのですが、そのたびに、お前は福山雅治の男祭りを知らんのかい!!　矢沢永吉の武道館前で同じこと言ってみろい!!!　みたいに憤ってしまいます。そういうことじゃないんです。彼女がいるだけで、オーディエンスを見渡しながら歌うあの子を見るだけで幸せなのです。

そう、思っていたのに。見るだけで幸せ、なんて思っていたのに、少しずつ握手会やチェキ会などの接触イベントを繰り返していくうちに、「好きな子に認知してもらいたい。特別だと思われたい」と考えるようになってしまいました。

始まりは数年前。推《お》していたアイドルの握手会。それまでにも握手会に参加しており、軽く認知されるだけで満足していた私でしたがその時は違いました。なぜか私を軽く認知している彼女は私の顔を指差して「かわいいね」と一言。

うろたえた私は「ど……どこが？」と聞いたのですが、彼女はふふって笑ってこう言ったんです。

「全部♡」

はい死んだ。その瞬間に、今までの私は死んだ。細胞が作りかえられた。

その一言で私は頭がおかしくなりました。

普通に考えておかしくないですか？　顔を指さされて「かわいいね」。

こういうの知ってる〜〜〜!!　乙女ゲーのスチルじゃない?!　少女漫画?!　意味わかんなくない？　好きな人が、テレビに出ているような女の子が自分を指差して「かわいいね」って言うんですよ。

正直「かわいい」という言葉自体は、言われなれていたんです。

化粧をするようになったのは、大学生になってから。そこから社会人数年目まで、私は男性にモテるためにコスメを選び、男性受けがいい化粧をしていました。恋コスメと呼ばれるエクセルのアイカラーを選び、メイベリンのマスカラは絶対に茶色。ボリュームタイプではなくロングタイプ。目を伏せた時にまつげの影ができるように仕上げていました。特に誰と付き合うとかそういうことではなくてもただのオタク、ただの女よりも「かわいい」ほうが有利だと思っていたから。でも、推しに「全部♡」と言われたその日から私の人生は一変し、好きな女の子に「かわいい」と言われるためだけにリソースを使うこととなりました。

私に「かわいい」と言った元推しがアイドルから舞台女優に転向し、接触イベントが減る一方で、並行して行っていたガールズグループの現場がどんどん増えていき、年齢が一回り下にもかかわらず、「一生好きだ。この子がアイドル活動をやめたとしてもずっと応援したい、できれば結婚式に呼ばれるようになろう」と心に決めた推しもできました。いわゆる「ガチ恋」です。

メイクのやり方も、それまでとは変わりました。接触現場は、肌が命。毎回、その時一番自分に合う下地とファンデを使って肌を作り込む。接触するのはライブ後が多いので、崩れないように粉もしっかりと叩き込み密着させる。きつく見えないように眉をふんわりとした色合いで仕上げる。その時の服に合わせたアイカラー、アイラインを入れ、チークも。対《たい》女の子なので、しっかりビューラーでまつ毛をあげて黒いマスカラを塗る。季節感とアイカラーとのバランスを見てリップの色を決める。そして、ライブが終了した後の握手会前には必ず、携帯のインカメラで化粧崩れはないか、最高の自分になっているかを確認してから、推しと対面する。男とのデートにもここまでしねえぞってくらいの徹底ぶりです。

最近までヘビロテしていたアイテムは、CLIOの10番。2017年、第9回AKB48選抜総選挙の開票イベントで指原莉乃《さしはらりの》さんが使っていたことで大流行したアイカラーですが、これがまぁ優秀。もちろんこのアイカラー1色だけでもめちゃくちゃかわいいのですが、色はいいんだけどラメが少ない手持ちのアイカラーに重ねることもできるので、底が見えるくらい使ってしまっています。

接触現場に行くときは、自分のメイク以外にも、念入りに用意するものがあります。大好きなアイドルの新譜がリリースされるときには、メンバー全員にお手紙とスターバックスのギフトカード。そして推しには、それらにあわせて小さなコスメを渡すことが増えてきました。それが功を奏したのか、そもそも女性が少ない現場だったからか、メンバーには認知され、名前も覚えてもらい、誕生日も祝ってもらったり、ステージからレスポンスをもらえたり、「今日ラメが大きくて、キラキラしていてかわいい」と言ってもらえたりするように。ここだ。私の楽園はここだったんだ……と意味がわからないことで涙しそうになりました。

最高に、最高に嬉しい。自分が頑張ることで、好きな女の子たちから「かわいい」って言ってもらえると、脳みそが溶けそうになります。

自分を可愛く見せるために、新しいコスメを選びたいし、かわいいコスメがあったら推しにあげたい。コスメ売り場を回る楽しみも、今まで以上に新しいコスメ情報を得る楽しみも増えました。

彼女のことを考えると、たくさん欲しいコスメが出てきます。パッケージに推しの名前を刻印したリップ、部屋に置いておくだけでかわいいボディケアグッズ、リラックスできてちょっと高級な入浴剤、そして季節限定のマカロン型のチーク。かわいい女の子にかわいいコスメを選びたいという気持ちと、9割が男性ファンの現場で、ありきたりのプレゼントではなく、コスメが好きな女性が選ぶ、「女子のテンションが上がる」コスメをあげるという小さな優越感で、自分のコスメと推しへのコスメを買いまくることがやめられません。

紙袋を渡した時の「え、こんなものいいの？」という声、驚いた顔、その後の笑顔、「ありがとう～」という少し間延びした声。全部、私の心の中にある宝箱に入れておきたい。そう思ったのに、先日、冒頭で話した「愛が溢れすぎて記憶をなくす」をしてしまいました。だって仕方ない。

好きな人に、自分が持っているものと同じものをプレゼントするって、どう思いますか？　勝手に作る「お揃い」です。いや、「かわいい」「使用感が良い」という言い訳はあるのですが、私は「推しと自分におそろいのコスメを買う」ことをしました。しかも「前にあげたランコムの限定チーク、恥ずかしいけど、かわいすぎて私も買っちゃったんだ」と彼女に伝えてしまって。どうしよう、年齢がすごい上の女が同じものを持っているなんて、気持ち悪がられるかもしれない。ごめん、実は前あげた入浴剤も、グロスも、名前を刻印したリップも、私が愛用している使用感も間違いないコスメなんだ……。ぐるぐるしている私に、彼女は微笑んでこう言いました。

「えー！　あれ、限定だったの？　かわいい。本当にあれ、スポンジもかわいいよね。同じもの持ってるって、おそろっちだね」

おそろっち。

なんてかわいいんだ。

なんてかわいい語感なんだ。

「お揃い」ではなく「おそろっち」という言葉。私の脳みそは溶け、記憶が無くなったのでした。

元旦、初詣中にもかかわらず、0時を回ってすぐにランコムのサイトにアクセスをし、先ほどのランコムの限定チークを手に入れたその時からドバドバと出ていた脳汁で脳みそが溶けましたね。

はー。幸せ。推しがかわいくて幸せ。推しにかわいいこと言ってもらえて幸せ。これからも全ての現場にかわいくなって行こう。現場にかわいくなって行ってこんなに幸せになるのなら、普段の生活でもかわいくしているとさらに幸せかもしれない。今は以前よりも普段の生活もめかして生きています。楽しい。どんどんかわいいコスメが増えていくし、自分も毎日かわいいから幸せです。

最近は韓国の女子アイドルも追いかけはじめました。同志たちと、新大久保に行って韓国コスメもどんどん漁っています。新しいコスメを買うのも楽しいし、自分のためにどんどんかわいいものを集めるのも楽しい。

みんなも、かわいくして、好きな人に会いに行きましょう。本当に幸せだよ。

アイドルにモテるために化粧する女
メイクは基本かわいい系。
子どもっぽく見えすぎないよう
リップメイクは強めに
現場では、ファン有志で作った
推しの名前入りTシャツが
かかせない
推しとおそろいの
ランコムの限定マカロンチーク
は、サラサラしてるのに
ふわっとした仕上がりがgood
少しでもやせたい。
「筋肉をつけてゴリラになるぞ」
という気持ちで運動に
励んでいる

№05

大人になってもロリータ服を着る女

全身の血の巡りが速くなるような高揚感

名前：ペガサスさん(30)　出身：神奈川県
好きな映画：西の魔女が死んだ
性格：こだわりが強い

今日の服は、1480円のスカートに980円のカットソー。いずれも3年くらい前にファッションセンターしまむらで購入。この上に、セールの時期にまとめ買いしたロペピクニックのカーディガンを引っ掛けておけば、まぁ見られないことはない。仕事着は、スカートなら3000円以内、カーディガンやブラウスなら2000円以内と決めている。予算内に収めるためなら、着心地や見映えなど二の次である。靴や鞄込みでも、全身5000円いかない程度のオフィスカジュアルになる。取引先へ行かなければならない日は、「なんで大して可愛くもないのにこんなに高いんだ……」と思いながら渋々購入した7000円のジャケットを羽織っていく。仕事着としてはこれで十分。

私にとって仕事着とは、ただの作業着だ。予算5000円〜1万円程度で事足りてしまうくらいの超プチプラコーデ。平日はこれを2、3日間隔で着回している。内勤が多いIT技術職という職業柄かもしれないが、会社員として最低レベルの身だしなみさえ整えていれば誰からも文句を言われない環境は、わりと恵まれているのかもしれない。自分でも、毎日ぼろ雑巾のような格好をしているな、とは思う。それでも仕事着に前述の予算以上の金額を費やす気にはなれない。なぜなら、着たくもない服に払うお金があるなら、自分の好きな服――ロリータ服にお金をつぎ込みたいからだ。

ロリータファッションとは――市民権を得てからそこそこ年月が経っている（と思う）ので今更説明は不要かもしれないが――要は一般的な服よりも全体的に布量が多く、レースやリボンがふんだんに使われており、スカートがふわりと広がった、少女性の強い、あのファッションである。

私がロリータファッションと出会ったのは、高校生の頃。当時の私は、お洒落や女の子らしい振舞いを毛嫌いしていた。しかし、17歳の頃に、とあるヴィジュアル系バンドと出逢い、それがお洒落に目覚めるきっかけとなる。そのバンドは、現在に至るまでの本命バンドでもある。

ヴィジュアル系はファンの目が厳しく、すっぴんやモサい服のままライブに行こうものなら、2ちゃんねるで袋叩きにされる、というのが、当初、私がヴィジュアル系に持っていたイメージだった。実際、他人を気にしているファンはそういないのだが、「ライブやインストアイベントへ行くなら身綺麗にしなきゃ！」という意識が芽生えた。

最近はバンギャのファッションも多様化し、一見するとバンギャに見えない、街中に自然に溶け込めるような服装が主流になりつつある。だが当時は、パンク、ゴシック、ロリータといったコテコテの服装が「バンギャらしいファッション」だった。私も、パンク、ゴシックと一通り試したが、なんだかしっくりこなかった。しかしロリータファッションに関しては違った。それまで「かわいい」「女の子らしい」を遠ざけてきた反動なのか、過剰なほどのかわいさ・女の子らしさを備えたアイテムやスタイルに強烈に惹かれていった。

初めて袖を通したロリータ服のことは、鮮明に覚えている。高校の同級生から借りたロリータの定番ブランドmetamorphose temps de filleのスカート。Honeysで間に合わせで見繕った安っぽいレースブラウス、SWIMMERのこれまた安っぽいヘアアクセと、中古で購入したおでこ靴をあわせた。アルバイトもしていなかった当時の私の財力の限界だった。今思うと枕に顔を埋めてじたばたしたくなるようなコーディネートだったが、それでも姿見に映る自分と対面した瞬間、全身の血の巡りが速くなるような高揚感を覚えたのだ。

私がロリータファッションの虜《とりこ》になるまで、そう時間はかからなかった。高校を卒業して大学生になり、アルバイトを始めると、その稼ぎをほぼ全てロリータ服（とライブ代）に費やすようになっていった。10年以上経ち、社会人になった今も、ロリータへの憧憬は褪《あ》せることがない。

ここで、ロリータならではのライブの楽しみ方をひとつ紹介したい。

ロリータ服は柄やデザインのモチーフが豊富で、さらに一般の服に比べて主張が強い。たとえばスイーツブッフェへ行くとき、スイーツモチーフのアイテムを身に着ける人はロリータ以外でもいると思う。ただ、あくまでさりげなく、小ぶりのアクセサリーやポーチを取り入れる程度ではないだろうか。その点、ロリータであれば、お菓子柄の総柄ワンピースや、ケーキ型のヘッドドレスなど、自分自身がスイーツと同化したかのような装いが可能である。同様に、美術館へ行くなら絵画柄、水族館へ行くならマーメイド柄……というように、外出先の雰囲気に合わせてその日のコーディネートを考えられる。そのくらい、ロリータ服のモチーフは懐《ふところ》が深い。私の本命バンドはサーカスのモチーフが多用されるため、大きなライブにはさながらサーカスの出演者のような出で立ちで行くのが、私の中での定番となっている。バンドを連想させる装いでライブへ行くことで、ほんの少しその公演の一部になれるような気がするのだ。

今では、ロリータの原点でもある数十年前の少女服――有名どころだとピンクハウスや田園詩――や、19世紀のヴィクトリアンスタイルも好んで着ている。中でもSERAPHIMやEXCENTRIQUEは当時のシルエットの美しさを残しつつ、現代でも違和感のない意匠にうまく落とし込んでいて、お気に入りのブランドだ。

ロリータ服の価格帯は、ブランドによってばらつきがあるものの、ワンピース1着3~5万円、ブラウスやスカート1着1~2万円程度が相場だ。着心地やシルエットを追求していくと、大手ブランドより小規模ブランド、果ては個人製作ブランドへと辿り着き、丈のお直しやサイズの調整など細かい部分までこだわることができるが、それだけ価格も上がるので、折り合いのつけどころが悩ましい。そういった実店舗をもたない小さなブランドは、デザインフェスタを始めとする大小のハンドメイド系即売会イベントに出展することが多く、物欲は尽きることがない。そんな中から選りすぐったお洋服や帽子、靴などは、どれもこれも愛おしく大切に思えるのだ。ただ、大切に思うぶんだけ処分も難しいため、今では約2畳のウォークインクローゼットに収まりきらない量になっており、数が多すぎてワンシーズン中どころか1年の間に一度も着てあげられない服もある。

さて、そんな愛すべきロリータファッションだが、長いこと続けていると現実的かつ避けようがない悩みに直面する。加齢である。

若いうちは、あまり体型に合っていない服も、さほど違和感なく着てしまえる。大抵のものを自分に「似合わせる」ことができるのだ。ロリータファッションを好む人間はよく「着たい服に自分を合わせる」ことで服を着こなそうとするのだが、それができるのは若いうちだけであるということを、最近身をもって感じている。数年前は普通に着こなせていたはずの服が、ある日突然まったくしっくりこなくなるのだ。加齢によって顔や体型の変化が起きるだけでなく、年を重ねることで、人生経験が表情や纏《まと》う雰囲気に滲み出てしまうためではないかと考えている。昔は（自分で言うのも何だが）少女らしい清楚な雰囲気の服が似合っていたのだが、ここ数年はそういったテイストの服がことごとく似合わなくなり、代わりに少し派手な印象の服の方が、こなれた雰囲気で似合って見えるようになった。とはいえ、昔のような清楚な少女風の服も相変わらず好きなので諦めきれず、頭を悩ませている。正直、この手の服は嗜好性が高く、知らない人が見たらそもそも似合っているかどうか以前の問題だろうし、本人の好きなものを着ればよいと思ってはいるものの、鏡に映った自分の姿があまりに理想とかけ離れていると、私自身がその姿を許すことができないのだ。

モデル着用画像を見て一目惚れし、ネット通販で即決購入したことはこの十数年間で何度もあるが、そういう買い方をした場合の失敗率は年々上がる一方だ。届いた服を試着して鏡の前でがっくり肩を落とした後、そのままタンスの肥やしになっている服も少なくない。

そのような失敗を避けるため、最近は服を選ぶときには必ず試着することに決めている。ウエスト位置や袖丈、裾の長さなど、全体のシルエットが自分の体型にぴったり合っていれば、それだけで洗練された雰囲気が出る。「服に着られている」感がなくなるのだ。すると、全体の雰囲気が多少若作りであっても似合って見えるようになる。そうやって自分や周囲の目を騙しながら、三十路を過ぎた今でも少女然とした服を着続けているし、きっとこの先も着続けるのだろう。

好きな服を着ているときは「好きな自分でいたい」と思えるので、自然と背筋も伸びるし口角も上がる。何より好きな服を着て楽しんでいるときが、自分が最も輝いている瞬間だと感じるのだ。

大人になってもロリータ服を着る女
深澤翠さんのような
「幼すぎないドールメイク」
が理想
ロリータを買う時は
服のシルエットと着心地が大事。
試着はぜったい！
SERAPHIM
Neb aaran do
Jane Marple
EXCENTRIQUE…
好きなブランドをあげると
きりがない。
マジョリカマジョルカの
ラッシュエキスパンダーは
まつ毛をしっかり仕上げるための
必須アイテム

気に入らないことは、ハイヒールで踏み潰せばいい

Interview with Misato Ugaki

飾らない人柄や自分の生き方を貫く姿勢から、女性からの共感の声が多いアナウンサーの宇垣美里さん。コスメ・ファッションへの思い入れも発信している彼女に、美意識の裏側をじっくり聞きました。

撮影＝飯本貴子

コスメの持つ「世界観」を手に入れたい

――宇垣さんは、雑誌でのコラム連載などで「コスメが好き」ということを表明されています。

宇垣　本当に好きなんですよね、コスメ。思い切り語れるということでうれしいです！

——今日のメイクも、とても素敵ですね。

宇垣　最近SUQQUで購入したデザイニング カラー アイズ06 宵紅（YOIBENI）を使って、アイメイクしてきました。これこれ！（メイクポーチからパレットを取り出す）

——かわいい！

宇垣　今年出た新色と悩んだんですけど、タッチアップしてもらったら宵紅に夢中になってしまって。テレビの仕事のときはベージュやブラウンのアイカラーを使っているのですが、今日はまぶたの二重幅に、このピンクシャドーを乗せています。私のパーソナルカラーは「イエローベース秋」なので、このパレットの色味はぴったりというわけではないんです。「でも、かわいいからいいじゃん！」と自分に言い聞かせて使っています（笑）。

——カラーでお見せできないのが残念すぎる……。宇垣さんは、大体どれくらいの頻度でコスメカウンターへ行くんですか？

宇垣　一か月に1回くらいのタイミングで、愛用しているアイテムのどれかが切れるんですよね。それでデパートに行くと、いつのまにか別のものも買っちゃっていて、本当に怖い……。THREEとか、SUQQUとか、ブランドならではの色味のアイテムがあるところが好きです。アイテムや色の名前に惚れることも多いですね。最近はクレ・ド・ポー ボーテで「スターダスト」という色のリップを買いました。

——きらきらした名前！

宇垣　「宵紅」もそうですが、そのコスメが内包している世界観を手に入れたくて、無限に買ってしまうんですよね。目は2つしかないし、口も1つしかないのに、いつ使うんだろう私……。

——そもそも化粧が好きになったのは、いつ頃なんでしょうか。

宇垣　私、ガリ勉ばかりの進学校に通っていたのもあり、10代の終わりまで、化粧をしたことがなかったし、見た目を気にすることもなかったんですね。でも、大学に入ったら、周りの人があまりにも垢ぬけていて、私ひとり異常に浮いていたんですよ。これはやばいと思っているときに、叔母が京都の藤井大丸の化粧品売場に連れて行ってくれたんです。それでJILL STUARTでコスメをそろえたら、めちゃくちゃテンションが上がって。それがコスメ沼にハマった始まりでした。

――JILLのコスメは、見た目も、ものすごーくかわいいですもんね！　それまで、ファッション誌のようなものも読んでいなかったんですか？

宇垣　小説ばかり読んでいました。高校は私服でもよかったんですけど、それでもやっぱり制服っぽい組み合わせの服を着たくなるじゃないですか。

――いわゆる「なんちゃって制服」ですよね。

宇垣　当時の神戸の女子高生たちの流行りにあわせて、くるぶしまで隠れるようなスカート丈のセーラー服を着てましたね。東京の大学に入試を受けに行ったときにそれを着ていったら、周りの空気が凍るのを感じました（笑）。神戸ではそれがおしゃれだったけど、東京の人から見たら「スケバン」ですから……。服も化粧も、自分の好きなものを見つけていきました。

1時間あくときは、メイクをすべて落とす

――宇垣さんは、なんとこの本のもとになった同人誌「悪友DX 美意識」の時代から読んでくださっていたと伺いました。好きなエッセイはどれですか？

宇垣　いちばん共感できたのは、「指先にファンタジーを描く女」ですね。私もネイルがとっても好きなんです！　つらいことがあっても、綺麗な指を見ると気分が浮上する。胃腸炎にかかったときも、「あ～～～爪かわいい～～～」と思うと、元気になれ

たんです。最近、ついにペディキュアも塗り始めたのですが、「つら……」と思ってうつむいたときに、足元がめっちゃかわいいと、励まされるんですよ。

——落ち込めば落ち込むほど、下を向いたときにペディキュアが効いてくる（笑）。長時間拘束されるお仕事も多そうですよね。せっかくの化粧が崩れて困ったりはしませんか？

宇垣　同じ現場がぶっ通しというよりも、間をあけていくつかの仕事がある場合が多いんですよね。仕事と仕事の間に1時間以上余裕があるときは、一度メイクを全部落とします。1時間ないときは、目から下だけ取ります。目もとは意外とよれないけど、ファンデーションは絶対よれるから、一からやり直したほうがいいんですよ。

——アナウンサーというお仕事は、ご自身の身だしなみが、つねに大勢の人に気にかけられている職業だと思います。本書の大きなテーマのひとつが、「誰のためにメイクしてる？」なのですが、いまの宇垣さんはいかがでしょうか。

宇垣　もちろん自分のためです！

——迷いがないですね。

宇垣　仕事でテレビにうつるときは、TPOをわきまえる必要はあります。でも自分のテンションが上がる、自分の矜持を傷つけないおしゃれをこっそり取り入れるようにしています。なにかつらいことがあっても、「でも今つけてるマスカラ赤いからな！」とか「でもアイライン紫で引いてっから！」とか思うと、自分を鼓舞できる。

——赤いマスカラや紫のアイラインって、職場の規定にひっかかったりはしないんですか？

宇垣　アナウンサーの服装って、具体的な規定があるわけじゃないんです。ただ、カメラで見たときに、視聴者の方のノイズにならないように、自分で気をつける必要はあります。たとえば、研修で「大きめのラメはギラギラしすぎるからやめたほうがいいよ」と指摘されてからは、ラメは控えていますね。入社1年目のころは、それ以上に「ちゃんと〝アナウンサーぽい格好〟しよう」と思って、「擬態」を一生懸命していたんですけど。

——擬態！

宇垣　「どこで服買ってるんですか？」なんて周囲に聞いて、ふんわりした色のブラウスやAラインのスカートばかり買っていました。実際、番組スタッフからかわいらしい感じを求められたり、「あなたは笑ってるだけでいい」と言われたりして、それに合わせていたんですね。でも、そうやって「お人形さん」でいることのストレスが頂点に達し、思い切ってやめて、好きな格好をするようになったら、本当にラクになりました。

——そこでちゃんとやめられるのが、すごいです。

宇垣　誤解されることも多いんですが、アナウンサーというのは技術職の一種で、明確な先輩後輩関係ってないんですよ。だから自分が「間違ってる」と思えば、それを主張していいし、納得いかない台本を渡されたら「この放送で私は絶対にその言葉は言いません」という選択もできるんですよね。

　とはいえ私も、最初は「言われたようにちゃんとやらなきゃ」っていう固定観念がすごく強くて。だから、アナウンサーらしい格好をしようと頑張っていたんです。でも、あるとき共演者から、「お前は台本通りにやっているからつまらないんだ」「正解を教えてほしいって言うけど、正解なんてないんだよ」と言われたんですね。最初は腹が立ったんですが、実際に台本を捨ててやってみたら、自分でも驚くほどのびのびできたんです。そこでふっきれたのが、服装にも影響したのはありますね。

——宇垣さんって、大学のミスキャンパスで優勝してからアナウンサーになられているんですよね。失礼ながら、ミスキャンもアナウンサーも「世間ウケ」を厭《いと》わ

ない人が選ぶルートのように感じていたので、お話を聞いているうちに、そういう自分の先入観にも気づかされました。

宇垣　ミスキャンにエントリーしたときは、単純に「肩書が増えたら世界が変わるかな」と思ったんです。アナウンサーという職業も、報道の仕事のひとつとしてとらえていて。もともと読書が好きだったので、出版社やテレビ局のような「伝える」仕事にあこがれがあったんですね。そうやって進路を考えていくうちに、アナウンサーが持っている、ニュースを最終的に伝える「アンカー」という役割に惹かれていっただけです。

もちろん、入社してからギャップを感じた部分もたしかにありました。ただ、ありがたいことに言いたいことを言える立場なので、悔しい思いをしたらちゃんと戦うようにしています。

——宇垣さんは、自分のスタイルをきっちり持っていて、本当に素敵だなと思います。化粧や服選びにおいて、一貫して持っているこだわりはありますか?

宇垣　「御《ぎょ》しやすい女性」に見えないように、というのをいつも意識しています。学生の頃に本当に苦労したんですが、いわゆる「女性らしい

メイクは「自分のため」のもの！

女性」に見えやすいのか、周囲から舐められるんですよ。黒髪で前髪ぱっつんみたいなスタイルだとなおさらですね。

「これはまずいぞ」と思って、茶髪にしてみたり、メイクをするときもアイラインをガッチリ引いてみたり、「強い女」になるように頑張ってますね。子供の頃にあこがれていた二次元キャラも、『美少女戦士セーラームーン』のセーラーマーズとか、『犬夜叉』の神楽とか、強気な子ばかりで。

——ラジオなどで映画を語るときも、「強い女」の出てくる作品への思い入れを感じます。『マッドマックス 怒りのデス・ロード』とか。

宇垣　『マッドマックス』は本当に好きです！「強い」というだけじゃなくて、女性であることを強いられるなかで奮闘している女性に対しての共感がすごくあるんです。『かぐや姫の物語』もそうですね。人ではなく、姫として生きることを強いられているかぐや姫の気持ちに同調してしまう部分が多すぎて、平常心では観られない作品です。

好き勝手に品評される屈辱も、「らしさ」を押し付けられる息苦しさも、人格を無視される絶望も、全部私が持っているもので。世間の思う「女の幸せ」を追求するのではなく、ただ「人として生きたい」と願うことって、なんでこんなに大変なんだろうなと思います。

「魔除け」としてのメイクを目指して

——周囲を見ていると、「自分がおしゃれしてもかわいくないし……」「おしゃれして、モテたいと思われると恥ずかしい」という気持ちを持っていて、うまく「よそおう」ことを肯定できない人も多いです。それこそ「世間」に傷つけられた結果なのではないかと思うのですが、宇垣さんにもそういう経験がありますか？

宇垣　たくさんありますよ。ビビッドな色のネイルをしてるだけでも、「それ男ウケ悪くない？」とか言ってくる人いますから。あとは「もうちょっと垢抜けない、野暮ったいメイクのほうがモテるよ」とか。

——あー……。

宇垣　だからこそ私は、「そういう奴から自分の身を守るためによそおってんだよ！」という気持ちでいます。さきほど「強い女」という言葉を使いましたけど、もっと言うと、私にとってのおしゃれって、戦闘民族が戦いに行く前にする顔に施《ほどこ》す紋様とか、古代の人たちが願掛けのためにしていた入れ墨とか、そういうものなんですよ。「魔除《まよ》け」というのかな。毒を持っている生き物が「毒を持ってる！」っていう感じの色をしているようなイメージでもある……何の話をしているんでしょうね？（笑）

——いや、めちゃくちゃわかります！（笑）

宇垣　なので、私の格好に文句を言ってくる人がいると、「してやったり」という気持ちになります。私に、私の生き方と違ったものを求めてくる人が近寄ってこないのは、私にとってすごく心地よいことですから。

化粧だけじゃなく、洋服も、「人と違ったアイテム」を見つけると、テンションが上がります。ブランドでいうと、FRAY I・DとかSNIDELとか好きですね。

先日、ラジオのスタッフさんから「宇垣さんの服装ってちょっと変わってるけど、〝宇垣さんっぽい〟のはわかる。ただやみくもに変わっていうよりは、宇垣さんが何が好きかということがちゃんと見えるよね」と言っていただけて。それはすごくうれしかった。

——それは最高の褒め言葉ですよね。

宇垣　自分が好きな格好をしているときは、すごく誇らしげに歩けるような気もします。長時間歩くのは厳しいハイヒールなんかも好きで、わざわざ手荷物として持参して、仕事中だけ履いたりとか……。ヒールをカツカツ言わせて歩くと、「気に入らないことがあったら、これで踏み潰しちゃうぞ♡」という気持ちになれるんです。本当に、私は何と戦っているんだろう……（笑）。

――「アナウンサーらしく」頑張っていた1年目の宇垣さんのように、自分らしいおしゃれができずに悩んでいる人がいたら、どんなアドバイスを送りますか。

宇垣　メイクもおしゃれも、自分がなりたい自分、自分が好きな自分を表現するためのすごく良い方法だと思うんです。私にとっては、「魔法」と言っても過言ではない。それを重荷に感じることなく楽しめると、何をするのも楽しくなるんじゃないかな。もちろん、やりたくないならやらないという自由もある。

周囲の言ってることに振り回されずに、生きるのがいいですよ。自分の好きじゃないことをしている時間って、めちゃめちゃ無駄だと思いません？　人生って短いですから。

宇垣美里（うがき・みさと）
1991年生まれ。兵庫県出身、TBSアナウンサー。担当番組に『ひるおび！』（月～金／10：25～／宇垣さんは火曜担当）、『アフター6ジャンクション』（月～金／18：00～／宇垣さんは火曜担当）、『篠田麻里子のGOOD LIFE LAB！』（火／21：30～）。『週刊プレイボーイ』で「人生はロックだ!!」、『クイックジャパン』で「拝啓、貴方様」を連載。

CHAPTER 2

他人のために

№06

会社では擬態する女

自分の力で、自分の幸せと尊厳を守らなければ

名前：エボシカメレオンさん(29)　出身：兵庫県
好きな映画：エターナルサンシャイン　性格：割り切りが早い

「え！　ヒールとか履くんですね、めずらしい！」

うるさい。

「今日の服かわいい系じゃないですか〜なんかあるんですか？」

ほっとけお前には関係ない。

きっと私とコミュニケーションを取りたいだけ

……ということは分かっているけどすごーくムカつく。それが、会社の男達が繰り出す気まぐれなファッションチェックだ。髪を巻いてハーフアップにしていたら、きれいなワンピースを着ていたら、ピアスが大きかったら。デートに行かないとＭｉｕＭｉｕのビジューパンプス履いちゃいけないなんて条例、いったいどこの街にあるんだろうか？

29歳、兵庫県出身、大学進学を機に上京してきて早10年。渋谷区にオフィスのあるゲーム会社で

営業として3年勤めている。新卒で入社した会社は小さなWeb制作会社で、50代の上司から日々雑なファッションチェックを受けていた。「若い人たちが多い会社ならおしゃれしててもほっといてくれるだろう」という淡い期待は、転職理由のひとつといっても過言ではない。まあ結局、平均年齢34歳のイケてる会社にもファッションチェックはあったのだけど……。

きっと、私のキャラクターや日々の行いも悪いのだ。毎日バッチリおしゃれしている女の子ならこんなこと言われないんだろう。背が高いのを気にしてコンバースのスニーカーを履くことが多いし、激務に耐えるためという言い訳のもと、週3はジーンズだ。それでもふと早く目覚めた朝や、好きなアイドルのライブに行った次の日、猛烈におしゃれをしたくなる。

M・A・Cで買ったお星さまみたいなざくざくのラメをまぶたに乗せ、値が張ったリネンのシャツを着ると深呼吸と共に姿勢が伸びる。帰省時に神戸のセレクトショップで恋に落ちたこのリネンシャツはJACQUEMUSというブランドのものらしい。ざっくり背中が開いていて、普段肌を全く露出しない私にとっては、着るだけでドキドキしてしまう。セールで50％OFFになっていたからなんとか買えたが、それでも高かった。背中のドキドキを買うために貯金を切り崩すのって、こっそり悪いことしてるみたいですごく楽しい。

朝のおしゃれはまだまだ続く。

襟のラインをきれいに見せるため、軽く髪を巻いてからゆるくポニーテールにする。友達が作ってくれた、青い花のついたピアスをつける。よし、そろそろ美人になってきた。母親から譲り受けたターコイズブルーのハンドバッグに仕事用のMacBook Airを入れようとすると、ギリギリサイズが合ってなくて飛び出してしまうんだけど、なんかそのはみ出たチグハグさもむしろかわいい、とひとり満足して家を出る。ここまでは完璧。

いい気持ちで会社に着くと、イケてるオフィスにたむろする若者たちの姿が見えてくる。コーヒー片手に新型iPhoneの情報交換をする男たち……。ほっといてくれ、頼むからスルーしてくれよ～と念じながら「おはようございます」と挨拶すると、例のアレのお出ましだ。

「あれ？　なんか今日いつもと違くないですか？」
「デートですか？」
「てか俺ポニーテールの方が好きだわ～！」
「あ、でも化粧は薄めのほうがいいっすね！」

……う、うざすぎる。

今日おしゃれをした理由は誰かのためじゃないし何かの腹いせでもない、ましてや彼らに品定めさせたり新鮮味をご提供するためでは絶対にない。

目が覚めると気分が良くて、なんとなく自分を美人にしたかったからだ。そんなことがごくたまーにあるばっかりに、突然のことでびっくりさせてごめんなさい。でも申し訳ないけれど、私のおしゃれをコンテンツとして消費しないでほしい。

そんなに女のファッションチェックがしたいなら、「#ootd」タグつけてるインスタグラマーさんのコメント欄に行ってきてください。今日のコーデ（Outfit Of The Day）を披露したい人たちがたくさんいるから。「#おしゃれさんと繋がりたい」タグもおすすめだよ。みんなが君の感想コメを待っている！

「せっかく褒めてもらってるんだから素直に受け入れたら？」という意見もあるだろう。

たしかに、私の性格はひねくれている。可愛げも余裕もない（直したい）。そんな私にだって褒められて嬉しいことはある。そして「誰に褒められたいか」も、ある。彼氏、推《お》してるアイドル、大好きな女友達、お母さん……これが私の褒められたい人たち。会社の男性社員、繁華街のキャッチ、元彼……これは私の褒められたくない人たち。褒められたくない人たちに褒められると、私の頑張った「おしゃれ」が一気にみじめで恥ずかしいもののように感じられてしまうのだ。

子供の頃から背が高く、幼稚園のお遊戯会では「おねえさん」や「兵士B」みたいな役どころが多かった。心の奥底では「いもうと」とか「お姫さま」のようなフリフリのワンピースを着る役もやってみたかったのだが、そこは仕方ないと子供ながらに割り切っていた。だって、どんなに頑張っても、背は縮まない。

時が経ち自分の好きな服を着られるようになると、「あの小柄な女の子が着ていた可愛い服」ではなく「私が一番可愛く見える服」があることを知った。

きっかけは中学で回し読みしていたティーン誌だっただろうか。体型別の着まわし特集で、背が高い女の子はロングスカートやブーツがかっこよくキマると書いてあった。まだ出会っていない、でも必ず世界のどこかにある、この顔でこの体の私だけが素敵に見える服、アクセサリー、メイク！　それを一つずつ集めて、買ったり覚えたりして、自分のものにしていくことは、自分の良い部分を一つずつ探していく作業でもあった。

そんな大切なおしゃれを、日々、会社の男たちはのんきに笑いながら土足で批評するのだ。

なんとかして「嬉しくて楽しいおしゃれ」を守らなければならない。自分の力で、自分の幸せと尊厳を守らなければ。そう考えた私は、会社におしゃれしていく日を一切つくらないことに決めた。

素敵なハイヒールもキラキラのピアスも全部全部、会社の男たちのためになんか身につけてやらない。とっておきの自分はとっておきの人と場所のためにある。オフィスでみんなが「いつも通り」だと思っている私は、「みんなと気持ちよく生きていくため」の私だ。ストレートヘアにブラウンでまとめたナチュラルメイク、UNIQLOのジーンズにZARAの無地ロングカーディガンをはおっただけのスタイルは、私にとってなによりの武装。

最初の頃は「今日はシンプルですね〜!」とか「前よりジーパン多くないですか?」などと構われていたものの、それが当たり前になると皆ファッションチェックをしてこなくなった。あぁ快適……。

就業時間が終わると職場の裏口を出て、少し離れてから金色の大きなフープピアスをつける。下まぶたにも薄《う》っすらラメをつけ髪をまとめると本当の自分が現れる。「気合い入ってるねぇ」じゃなくて、こっちがほんとう。ほんとうがとっておきで普通!!

あなたたちの見ている私は「ナチュラルな私」という鎧《よろい》をわざわざつけているわけなので、そこのところよろしくお願いします。

「ナチュラル」という武装を覚えた私は、推しのライブの翌日も浮かれておしゃれして出社とかしない。何事もなかったかのように無印良品的な女のフリをして働き続ける。キラキラのMiuMiu大好きなくせに。

……それでも、どうしても気分が乗ってワクワクがおさえられない日は、普段は棚にしまってある香水瓶を手に取るのだ。慌しく過ごすオフィスの中で自分の髪からJo Maloneのザクロが香るたび、会社の男たちが知らない美人な私を思い出し、人知れず優越感に浸っている。

会社では擬態する女
目力を強くしたく
ないのでアイラインは
無し。かわりに
シャドウでキラキラを
楽しむ
MAC
M·A·Cの
ダズルシャドウが
お気に入り
malamuteの
ニットをよく買う
会社用のアイテムは
もっぱらUNIQLOと
ZARA
仕事が終わったら
大好きな マノロ・ブラニクに
はきかえる

ガンダムが明日も出撃するために

仕事のために○○する女

名前：ホッキョクウサギさん（29）　出身：東京都
好きな映画：ドリーム　性格：あらゆる欲望が強い

№07

私はいわゆる「バリキャリ女子」である。と言っても、24時間仕事漬けで趣味やプライベートを犠牲にしているわけではない。「日々の時間の多くを仕事に捧げているが、オタク活動も仕事も楽しんでおり、萌えと同じくらい、職場での成功に喜びを感じる」と説明すると、しっくりくるかもしれない。仕事には手を抜かないが、オタク活動に対しても、一切手を抜きたくないのだ。朝は7時過ぎに出社し、帰宅は深夜0時をまわることもしばしば。これだけ働きつつ、インターネットで好きな作品の二次創作を見る時間も確保していると、おろそかになりやすいのが、身だしなみへの気遣いだ。

帰宅してから翌朝家を出るまでの時間は、平均6時間ほど。洗濯機を回したりアイロンをかけたりする時間すら惜しい。いくら「風呂にゆっくり浸かると肌によい」と雑誌に書いてあっても、1秒でも長く寝ることを優先したくなってしまう。かといって、身だしなみやおしゃれを捨てられるか、というと、捨てられない。女として働く以上、譲れない美意識は当然ある。労働と美しさの調和、つまり、「ワーク・ビューティ・バランス」とでも言えばいいだろうか。

仕事というのは他人と関わりながらやるものだから、他人からの評価も身だしなみ次第で大きく変わると思う。そして、男女平等の世の中になったとは言っても、社会——特に会社のなかで男女が平等でない部分はまだまだあり、そのうちのひとつが身だしなみだ。職場において女がおしゃれであることを、社会も暗黙的に求めている。男性社員がヨレヨレのワイシャツを着て白髪ボサボサで無精ヒゲでも、そんなに批判されないし人事評価にも影響しないが、これが女性だと、周囲の目線は一気に厳しくなる。

窮屈なときもあるけれど、女性のほうが多様な選択肢を持っているともいえる。髪を染めるのか、パーマをかけるのか、ネイルをするのか、靴はヒールかフラットか、メイクはナチュラル系かしっかり系か、服に流行を取り入れるか……などなど。幅があって創意工夫ができるからこそ、工夫していない状態や手を抜いた状態が、外から一発でばれてしまうのだ。

だからって、他人や社会のためだけに嫌々おしゃれをしろと言いたいわけではない。ビューティが自分のモチベーションに前向きに作用してこそのワーク・ビューティ・バランスだ。

「まあいいや」と思って適当な格好で出社してしまったものの、なんだかしっくりこなくて早く帰りたいなと思った経験がある人は、たくさんいるだろう。自分が満足しない身だしなみだと、仕事の質にも関わるのだ。私の場合、自分が楽なペタンコ靴を履いているときに、打ち合わせの相手がきちんとヒールを履いていると、もうそれだけで負けた気がしてしまう。資料を指さしながら説明するときにネイルが剝《は》げていると、気恥ずかしさで堂々と説明ができない。だから、疲れていてもヒールで気合いを入れるし、無理して早起きしてもネイルを塗りなおして、毎日満足できる自分を維持できるよう努力している。早起きのせいで眠かったら昼間トイレで3分寝ればどうにかなるけれど、気分のあがらない格好をしてしまったら、朝から晩まで挽回できない。どんどんおしゃれして、気負いなく仕事をしたほうが仕事の能率も上がるに違いない。

ここで、私がワーク・ビューティ・バランスを楽しく保つためにやっていることを紹介したい。

◆疲れをとるのに金をかける

毎日風呂にゆっくり浸かってスキンケアだのマッサージだのを行う余裕がある人は、日々のメイクをプチプラで済ませても、とくに問題ないかもしれない。しかし、化粧品はやはり価格と質が比例する。忙しくて時間をかけた肌のメンテナンスが難しい場合は、お金で時間を買うしかない。私はデパートのコスメカウンターで自分の生活習慣を徹底的に相談し、いろいろ試して、アイテムを選んでいる。

特に愛用しているのが、ジバンシィの拭き取りメイク落とし。美容部員さんに「家に帰ると化粧を落とす体力も残ってなくて、そのまま寝てしまうんです」と正直に懺悔したところ、これがよいと教えてくれた。5300円と少し高いのだが、どんなに使っても、肌が全くつっぱらない。帰宅後即寝たいときに、最高の一品だ。

また、寝るまでにちょっとでも時間があるときは、宝塚のDVDを見ながら高い栄養ドリンクを飲む。そして顔には美容パック（普段は安い「ルルルンパック」、特別な時はSK－II）を、肩には「アズキのチカラ」を乗せ、「休足時間」を貼りまくった足をパナソニックの電動むくみ取り器に突っ込んで、枕元には美顔スチーマーを置いている。まるで、戦闘で傷だらけになったガンダムが格納庫で整備されているようだと思う。疲れは美の大敵だからしょうがない。仕事は戦いだから、ガンダムが明日も出撃するために念入りな整備が重要なのだ。

◆気が乗らないときこそ工夫する

会社では、自分の好みでない服装をしなければならないことも多々あるだろう。一緒に仕事をする人に服装をあわせなければいけなかったり、業務上着られる服に制限があったりするからだ。私はカジュアルでカラフルな服が好きなのだが、一時期とてもかたい内容の仕事をしていたときは、毎日暗い色のスーツを着ねばならず、葬式にでも来ているようで気分があがらなかった。

しかし、「どうしても暗い色の服を着なければいけないなら、1回くらい憧れのブランドで買ってみるか」と思い立ち、ANAYIで紺のスーツを買った。7万円くらいしたのでかなりの出費だったが、高いだけあって生地は美しいしスタイルがよく見えるので、職場に行くときの気分がガラリと変わった。あんなに嫌だった暗い色の服なのに、毎日でも喜んで着たいくらいだ。

好みではない服を着ているときには、あえて下着をド派手なものにするというのも工夫のひとつだ。「こんな喪服みたいなスーツ着てるけど中身はすごいのよ」と心で思っていた。Tバックを履くようになったら、姿勢がよくなったし、姿勢がよくなると、卑屈な発言をしなくなった。

私が思うTバックを履く女のイメージは、背を丸めて歩かないし、いつ何時も堂々としているカッコイイ女。実際、Tバックを履くようになってから、尻の肉が自ら上へ上がろうとしだし、形が良くなったように感じている。尻にも自我があり、布から解放されることでその自我が目覚めるのだ、というのが私の持論である。

地味なスーツを着ていても、こっそりカッコイイ女になれる。下着は、誰のことも気にせず自分の好きなものを選んでいい、女の最後の砦だ。

◆大事なプレゼンの前に〇〇する

この話を人に言うたびに、さすがに驚かれるのだが……。私の会社では、研修の一環で、各部署の若手が集まって自分の仕事についてプレゼンをする大会がある。どの部署の人間が勝つのか、上層部も気にしている一大イベントである。ある年、「絶対優勝したい」と思った私は丹念に準備したが、ちょうど業務のピークも重なって、徹夜やタクシー帰りが続き、クマと肌荒れまみれの、プレゼンで人前に出るのを躊躇したいくらいの顔でプレゼン直前を迎えてしまった。

前日も、仕事が終わったのは夜の9時ごろ。顔をどうにかしようにも、フェイスエステができる店はすでに閉まっている。考えた末、私は男友達を呼び出して、セックスを頼んだ。なぜなら私にとっては、一発で体調や肌ツヤがよくなる手段だからだ。多少なりとも顔がマシになって堂々とプレゼンできたためか、私は優勝した。

部署の評価向上に貢献したことでボーナスは最高額となり、その後の仕事でも「○○年の大会で優勝したホッキョクウサギさん」と認知されて、その評判に助けられている。

時々自分の美意識に疲れることもある。おしゃれは好きでやっていることでもあるけど、そんなことに時間とお金を費やさないとハナから決めている人々を見ると不公平な気分にならなくもない。おしゃれしなくてもクビにはならないんだから。でも好きなキャラクターのイメージカラーを塗ったネイルを施《ほどこ》しておくと、キーボードを打つたびに目に入って否が応でもテンションがあがり、「この人は地味な入力作業でも文句を言わない」と職場で重宝される。理不尽なクレームの最中も、今日着てきたとびきりかわいい下着のことを思い浮かべてニコニコ対応できるから、大人の対応ができるやつと思われる。

女だからこそ楽しめる小さなビューティを積み重ねることで仕事も楽しくなっていくし、まわりまわって仕事の評価にも繋がっていくのだと思う。もっとワークが楽しくなるように、私なりのビューティを極めていきたい。

仕事のために○○する女
新宿伊勢丹
銀座三越など
都内の百貨店が
買い物スポット
イヴ・サンローラン
Dior、ジバンシィなど
パッケージでテンションが上がる
ブランドに投資しがち
Diorの
スノーブライトニング
フレッシュCCクリームは
これ1本でベースメイクが
完了するすぐれもの
DIORSNOW
SPF50PA+++
Dior
落ちついた格好でも
下着はゴージャスに。
Lise Charmelと
PARFAGEが
最強の味方。

芸能人と働く女

美しくいなきゃいけないのは自分じゃない

名前：キタキツネさん(27)　出身：岐阜県
好きな映画：バーレスク　性格：惚れやすい

№08

深夜3時、会社から自宅に向かうタクシーの中で書いている。2時間後には現場に向かわなければならないと思うと恐ろしい。考えたくない。

芸能事務所でマネージャーを始めてもうすぐ5年になる。今は20代のとある女優の担当だ。可憐で美しく、才能があって勘がいい。そして、努力することを忘れない女優。

私がこの仕事に就きたいと思った理由は2つ。1つ目は美人とイケメンが好きだから。2つ目は美人とイケメンに憧れるファンが好きだから。

どうしても芸能業界で働きたかった私は、周りの誰よりも早く就活を始めて、OB・OGをツテに、業界の人間に会って話を聞き、自分のやりたいことや就活のアドバイスをもらった。出版社、Web、テレビ局、レコード会社、そして、芸能事務所。いろんな大人にいろんな話を聞いて、全部自分の武器にした。「イケメンをスカウトする」というインターンにも迷わず立候補し、表参道・原宿・新宿・渋谷で歩いているイケメンに片っ端から声をかけまくった。その経験も「フットワークの軽さ」「コミュニケーション力」をアピールできる貴重な材料になった。「絶対に美人・イケメンと働いてやる」という強い意志と行動、そして努力の結果、いくつかの会社から内定をもらい、一番大きな今の事務所で働くことを決めた。

最近のスケジュールはほとんど映画の撮影で埋まっている。その間にドラマの撮影とバラエティの収録、雑誌の取材。先週は3日連続で会社に泊まった。自分がいつ寝ているのかまるで分からない。でも私より彼女の方が大変だということを絶対に忘れてはいけない。

女性芸能人はメイクと着替えに60～90分かける。男性だったら30～40分。プロのメイクさんによる顔面マッサージのあとスチームをあてお肌を整えてから、丁寧にお化粧をしていく。下地もファンデもとにかく薄く。ブラシにパウダーをとって、それをさらに手の甲ではたいて、つきすぎることがないよう、うすーく伸ばす。メイク中になにをするかは人それぞれ。移動中しか寝ていない、という売れっ子は、頭を数人で押さえてもらって眠りながらメイク、なんてこともある。

4年のマネージャー業を経て気付いたこと、芸能人はとにかく身体を冷やさない。ドラマ撮影の合間、楽屋からスタジオへの短い移動時間、ロケ地までの車内、UGGのスリッパに履き替え、パイル地のブランケットに身を包む。

そして、女性芸能人には2種類のタイプが存在する。「他人と比較することを止めない美人」と「自分だけを見続ける美人」だ。決して他人に脅かされることのない自分の容姿・美しさと、それを支える圧倒的な自信。だから比べる、だから比べない。

私たち一般人がイメージするより、プロの美人はもっと強くてもっと美しい。

3時間睡眠が1週間続く、2カ月間休みなし。こんな生活だからこそ、体調だけは絶対に崩さないようにしている。冷たいものは飲まない、お菓子は食べない、食べられる時に肉・魚・野菜をたくさん食べる。そもそも、睡眠時間が圧倒的に足りていないので、これだけで健康を維持できるとは思えないが、気休めだとしてもできることはやっておきたい。

タイトスカートにハイヒールを履き、革製のバックを肩掛けするOLに憧れたこともあるが、それほど羨ましいと思わなくなった。ユニクロデニムにニューバランス、メンズのリュック。動きやすくて周りが不快にならないような格好をしたらもう私は完成なのだ。あとは彼女のことだけを考える。美しくいなきゃいけないのは自分ではなく彼女なのだ。髪の毛一本、毛穴ひとつ、どんなに小さなシミも見逃さない。不自然にならないように修正してもらって、最高のビジュアルでメディアに出てもらわなきゃいけない。

そんな中、ばっちり化粧ができる、いや、しなければならない機会がある。撮影前の顔合わせや撮影後の打ち上げ、そして関係者が集まる重要な会議だ。少しでも自信がつくメイクを、少しでも周りの人間になめられないメイクを。普段は下地と眉毛とチークだけだが、この時ばかりはキラキラのアイシャドウと濃い赤リップを引く。マネージャーの印象はタレント本人の印象に直結する。すべては私が担当している彼女のためなのだ。自信なさげで顔色の悪い女がマネージャーなんて思われてはいけない。

化粧も化粧品も大好きだが、この仕事に就いてからゆっくり化粧品を選ぶ時間がなくなった。10

分でもあればデパコス売り場に駆け込み、7分で選んで3分で購入。化粧品の衝動買いなんて今までしたことがなかったけど、もうやめられない。パッケージを見た瞬間から箱を開けるまでの間、普段は他人を優先している分、自分の欲がどっと溢れる、その瞬間がとても気持ちよくて幸せだ。そしてそれは点滴のように私の脳に作用している。

ポール&ジョーの下地（匂いが好みでテンションあがる、顔色が良くなる、ツヤっぽくなる）、シャネルのグロス（大切な人にもらったからテンションあがる。御守り）、ルナソルのシャドウ（キラキラしていてテンションあがる）――。どれも大事な武器だ。

付き合っている人にプレゼントされたアルビオンのスキンケアセットとナノケアのドライヤーも愛用している。美白用のスキンケアは激務すぎて効果が出ているか分からないけど、いい匂いがするだけでテンションがあがる。ナノケアは髪の毛がサラサラになる上に、乾くのがめちゃくちゃ早いので超時短。仕事に追われている私にはピッタリだ。

余談だが、この仕事をやっていて恋人がいるのは本当に稀《まれ》なことらしい。心が広い彼に感謝だ。ディズニーで一緒に並んでいる時にパソコン作業したり、映画のチケット取った瞬間呼び出されておじゃんになったり、午前3時に帰って1時間後に出社するの、私が相手にされたら耐えられない。

憧れだけでこの仕事に就いたが、予想の100倍つらかった。用意した覚悟は一瞬で消えた。そして、「こんな仕事、いつでも辞めてやるからな」と思いつつ、もう4年経ってしまった。自分よりも彼女のことを考えている時間の方が圧倒的に多く、私の人生はどこにあるのだろう、と思う時もある。

それでも私が辞めない、辞められないのは、彼女のファンがいるからだ。ファンの声は、ファンが思っている以上にちゃんとスタッフに届く。「〇〇の新しいCMやっと見られた！　超可愛い！」「〇〇のおかげで仕事頑張れる」「〇〇の演技に涙が止まらなかった」「バイトのお金貯めて地方から〇〇の舞台を観にきました」。友達でも恋人でも家族でもない、芸能人という遠く離れた存在であるはずの彼女が、人に癒しと勇気と感動を与えている。彼女を生きる糧にしている人たちがたくさんいる。大げさかもしれないが、彼女は誰かの神様で、ファンと彼女のそのような関係をたまらなく美しいと思う。世界でただ一つの特別な関係だ。

そして、人々に崇《あが》められてもなお、テレビの中の彼女、スクリーンに映る彼女、ステージに立つ彼女は、強く美しいままだ。大勢の目にさらされて、時に汚い言葉を投げられ、時に悪意のある記事を書かれても、前だけを見て成長し続けている。そんな彼女の強さと美しさを守り、最大限に魅せることが私の仕事なのだと思うと、疲れている場合ではなくなる。

最近はマネージャー業に加えて、新人オーディションのプロジェクトにも参加し、自分のアイデアを形にできるようになった。効率良く仕事をすることも覚え、少しずつ心と身体に余裕ができた。相変わらず寝る間もなく働いているが、彼女を支えられること、ファンとの関係を守れることを幸せに思う。

美しい人のためにメイクをし、美しい人のために生きる。ときどき脳に点滴を打ちながら、それでも私は彼女のために仕事をしたいと思う。いつかこの仕事を辞める時がきたら、その時は自分のためだけにメイクをしてみたい。

芸能人と働く女
仕事メイクは
血色を補うだけでOK.
プライベートでは
「渡辺美優紀さん
になりたい」
時間がないので
服はZOZOTOWNを活用
愛用ブランドは
mystic, Omekashi, Kastane
ほどよくカジュアルでほどよくドレッシー
おなかが空いても
お菓子・コンビニご飯
菓子パンは食べない
間食をやめてから
体型維持&お通じが
改善された
excelのシャイニーシャドウ
(カシミヤベージュ)をヘビロテ。
アイホール全体にはつけず
真ん中にだけポンとおく。

泣きながら何度もアイラインを引き直した

アイドルをやめた女

名前：バンドウイルカさん(21)　出身：埼玉県
好きな映画：ローマの休日　性格：考えずに飛び込む

№09

アイドルの朝は早い。そして、怒られることから始まる。

「なにその私服！　そんな汚い色の服ばっか着てたら、ずんぐりむっくりのダサダサグループに見られちゃうよ！」

Ｔｗｉｔｔｅｒは慎重に。休日には運動を。外出時にはマスクを忘れずに。ルールはたくさんあるけれど、一番多いのは「身なり」について。衣装の着こなしや髪型の指定はまだしも、私服のコーデについてまで厳しいご指摘をいただくのだ。まぁたしかに、ヨレヨレの茶色いチュニック、憧れの道重《みちしげ》さゆみさんは人生で一度も着ていないだろうな。

……といっても、私はもうアイドルではない。21歳、埼玉県出身。とあるアイドルグループを卒業してから早2年。今でもふと、あの激動の日々を思い出す。17歳の私が飛び込んだ世界は驚きの連続だった。

2014年の秋に見た道重さゆみさんの卒業コンサート。親に頼み込んで連れて行ってもらった。コンサートのラスト、穏やかな笑顔を浮かべながら「この景色を見せてあげたかったんだ」と後輩に語る道重さんを見て、あぁ、自分も見てみたい、そう思った。ステージに立ち、キラキラの光を浴《あ》びながら見る景色……！　勢いだけが取り柄の私は、その冬にスマホの広告で見つけたとあるオーディションに参加し、翌年の春にはアイドルになっていた。

アイドルはいつ何どき誰に見られても「可愛く明るく爽やか」でなければならない。新人アイドルの私はそう強く教えられた。現場についてすぐに衣装に着替える時でも、そこに着いた時と帰る時、関係者に見られているかもしれないその一瞬、「私たち、キラッキラの爽やかグループなんです」という印象を植え付ける必要があるらしい。くすんだ色味のゆるっとした服を着ていた私は、そりゃあもう毎日怒られていた。マネージャーのお姉さん、あの頃は本当にごめんなさい。

浅黒い肌に自信がなくて「洋服は体を隠すためのもの」だと思っていた。高2なのに、同じグループに入った中1の子の方がよっぽどオシャレだった。焦った私は年下のメンバーに頼み込んで、買い物についてきてもらった。17歳にもなって近所の「しまむら」でしか洋服を買ったことがなかった私は新宿アルタ「INGNI」の輝きに思考が停止してしまい、マネージャーに「水色のカーディガンと白ワンピとか着ないと！」と怒られたままのセットをメンバーに選んでもらった。以降、このセットは超頻繁に活躍し、毛玉だらけになるまで着用した。ありがとう、INGNI。

オーディションでも評価されたポイントだったが、当時の私は少しだけ歌に自信があった。というか、歌うのが好きだった。メイクもヘアアレンジも苦手だし私服もダサいけど、私には歌がある……！　だけど、できないことの方が多すぎて、歌を含む全てに自信をなくす日々が続いた。特に大変だったのがヘアメイク。宣材写真の撮影時にはプロのヘアメイクさんをつけてもらえるけれど、活動の大半を占める、CDショップでのPRイベントやライブ、グッズ用の撮影では、セルフメイクが基本だ。これは他のグループさんでもそうだと思う。大所帯のグループだったため、楽屋でゆっくりメイクをする余裕はなかった。

たとえば、正午からイベントが始まる場合。11時には開場するため、逆算するとリハーサルは9時半スタート。となると8時半には現場に入り、衣装に着替えて歯磨きをしていなければいけない。埼玉の実家に住む私は、現場の多い渋谷や新宿まで家から1時間半はかかる。となると、7時には家を出ないといけない。つまり、7時までに朝食とヘアメイクを済ませておかないといけないのだ。どんくさくてオシャレにも慣れていない私は、イベントの日の5時起きは当たり前。泣きながらアイラインを何度も引きなおし、寝坊して、電車で編み込みをすることもあった。髪全体をストレートアイロンでピカピカにし、まつげをがっつり上向きに固定、ライブの時に髪が顔にかからないようサイドの毛を編んで耳の裏で固定し、スタイリングに必須のスプレー「ケープ」を吹きかける。イチから全部覚えて、何度も何度も練習した。学校生活じゃありえないくらいテカテカガッチガチの前髪や、ピカチュウみたいなピンクのチークがステージ上ではきれいに見えることを知った。

かわいい服を着て、かわいい仕草をし、かわいい自分をたくさん人に見てもらう仕事。「アイドルのオシャレ」を楽しんでやれるメンバーが羨ましかった。だって、私はどんなに頑張っても、自分の思う「かわいい」に近づけないのだ。道重さゆみさんみたいに自信に溢れたかわいい女の子、切れ長の私とは違うまん丸の目、そして真っ白なお肌。私が人生ではじめて挑戦したオシャレは、「自分のため」のものではなく、泣きながら疑いながら、不安な気持ちでするものだった。

もちろん心が躍る瞬間もあった。初めてもらった自分の衣装。大きなリボンにふりふりのレース、私のイニシャルが入ったワッペンがついていた。楽屋のラックにずらっと全員の衣装が並んでいても、ネームタグを見るまでもなく「これが私のだ」とわかった。大好きな歌を歌う時、私はとっておきのお洋服を身につけて、「あの景色」を見てきた。そして何より大切なのは、ファンの存在。ファンは、ぶっちゃけ、何を着ても褒めてくれる。マネージャーが嫌がる茶色のチュニックだって、きっとファンの人から見たらかわいかったはずだ。Ｔｗｉｔｔｅｒで自撮りをあげると絶対にもらえる「かわいいよ！」の言葉を素直に受けとることができなかったけど、卒業発表をしたブログ記事のコメント欄、ぜーんぶスクショを撮ってあって、ＰＣに保存してあるって知ったらみんな驚くかな？　いただいたファンレターは今でもたまに読み返す。「好きだよ」や「かわいい」や「元気もらえるよ」を、あの頃は斜に構えて疑っていたけど、今読み返すと嬉しいなって素直に思えて不思議。こんな私を好きになってくれた優しいファンのみなさんに心からお礼を伝えたい。

子どもの頃から歌のほかにもうひとつ好きなことがあった。それは、絵を描くこと。アイドルの頃は時間がとれず、「このままでいいのか？」という想いが募っていた。18歳の春、事務所に申し出て、卒業させてもらうことにした。アイドルになって1年が経とうとしていた。ささやかながら卒業セレモニーもしてもらい、大変恐縮でした……。

その後ファッションの専門学校に通い、今年の春からは新卒としてとあるファッションブランドの企画デザイン部で働いている。あの私がファッションブランドのデザイン職だなんて信じられない……！が、安心していただきたい。まだ在庫管理しかさせてもらっていない(がんばるぞ)。

アイドルをしていた頃と一番違うのは、色々なルールやプレッシャーから解放されたということ。自分の好きな時に、自分の気分に合わせてオシャレができるようになった。1時間半の通勤時間には好きなモデルさんやＬｉｌｙ ＢｒｏｗｎなどのブランドさんのＩｎｓｔａｇｒａｍを見ている。今ハマってるのは、高円寺で古着を買うこと。レトロなワンピースとかが可愛くて好き！　昔は恥ずかしがっていたオシャレは、20歳を越えてから自然とできている。きっかけは思い出せないけど、専門学校でできた友達に「実はアイドルをしていた」と打ち明けたとき、「本当にすごいね、誰でもできることじゃないよ」と真剣に言ってもらったことは覚えている。少しずつ少しずつ、楽になっていった。

道重さんのまん丸の目は今でも可愛いなって思うけど、もう自分がなりたいとは思わない。キャットラインを引いてつり目っぽくしたり、自分に合うメイクを日々開発中だ。我ながら面白いのは、「気合いを入れたい時にあえてアイドルメイクをする」という技を習得したこと。ステージでやっていたようにケープで前髪を固めてバッチリまつげに武装すると、ピリッとした気持ちになれる。ライブ前を思い出すからかな？　就職の面接時にも実践し、今の会社に内定をいただきました。

アイドルになりたいって思ってる人には「軽い気持ちでやらないほうがいい」と言いたい。だって本当にしんどかった。それでも今、私は「アイドルをやって良かった」と思い始めている。この前、会社の先輩女性に「部長に愛想ふりまきすぎじゃない？」と嫌味を言われた。これって自分の中ではビックリの出来事だった。だって私はアイドル時代、「握手会で愛想がなさすぎる！　自信のなさの表れ！」としょっちゅう怒られていたから。アイドルの中では愛想がなくても、会社の中では愛想があるんだ、私。最強に可愛くて強い女の子たちに囲まれて揉まれた経験があるなんて、それってめちゃくちゃ武器になるんじゃないか……？

子どもだった私がエンエン泣きながら格闘したあの頃の「オシャレ」は、4年かけてようやく体の一部になってきた。長い社会人生活、あの頃のとびっきりの衣装みたいにいろんなステージで一緒に戦ってくれるだろう。忙しく仕事を覚える日々の意識の片隅に、そういう予感と確信がある。

アイドルをやめた女
アイドルをやめてからは
マイペースにオシャレを
研究中。
高円寺の古着屋がアツい！
勝負の日は、今でも
前髪ケープ＆まつげバッチリの
アイドルメイクで気合を入れる！
美容と健康のため
食べ物の原材料や
栄養表示チェックを心がけている
ケープ
憧れのコスメはデザインがかわいい
PAUL & JOE BEAUTE
お金が貯まったら買ってみたい

初日から、私の容姿にクレームがついた

デパートの販売員だった女

名前：メガネグマさん(35)　出身：香川県

好きな映画：善き人のためのソナタ　性格：ぶきっちょ

№10

この顔になるまで、長い長い時間がかかった。

中学、高校と顔に何か塗った経験はなかった。リップクリームやネイルがせいぜい。友だちもそんな子ばかりだったので、気にしたこともなかった。大学に入ってから、化粧するほうが普通だと知ったものの、では何を塗ればいいのかさえわからないままであった。

雑誌で手順を確認して手鏡で化粧して、待ち合わせに向かう途中、メイクを落としたことが何度もあった。駅の大きな鏡を見ると似合っていないのがわかるのだ。ほかの人はなんて自然にメイクがなじむのだろう。私だけ？　いつも不安だった。

そんな私が、デパートで働くことになった。舶来《はくらい》信仰といえばいいのか、遠いもの、自分とかけ離れているものに惹かれる性格で、『ELLE』や『VOGUE』といった海外発のファッション誌を定期購読していた。ハイブランドの最新コレクション、コスメ、スイーツに映画、全部好き。日常生活で着るなんて考えられないような服を着たモデルを見てうっとりしていた。手が届くのはお菓子と化粧品くらいだったが、私にとってデパートはキラキラとした商品がつまったおとぎの国。知らないうちに引きよせられてしまったのかもしれない。応募したのは後方業務のはずだったが、気がつくと食品の販売員に配置されていた。

最初に叩き込まれたのは、「ノーメイク禁止」にはじまる服装規則。「華美な装いは避ける」や「オフィスカジュアル」といったあいまいな文言ではない。禁止事項がはっきり並ぶ。「過度な染髪は禁止」「結婚指輪以外は禁止」「モチーフが大きい、揺れるピアスは禁止」「食品売り場は香水禁止」。真っ暗なバックヤードから明るい売り場に通じるドアには、必ずイラスト付きの服装解説が貼ってあった。とりあえず全部守るようにした。

圧倒されたのは、休憩時間だった。売り場との往復で10分近くかかるのに、いそいでご飯をかきこんでスタッフ専用のパウダールームに向かうと、たくさんの女たちが集まっているのだ。洗面台には、取り扱いブランドのハンドクリームやソープなどのサンプルが置いてある。広いスペースの三面が鏡張り、ずらりと並んだ椅子の優先権は、コスメカウンターで働くBA（ビューティーアドバイザー）やアパレルの販売員にあるのが暗黙の了解。彼女たちは、休憩時間の大半を化粧直しに使わねばならないからだ。ベースメイクから直している人、コテを使っている人くらいは普通。どこからどこまで塗り直すんだと、ついつい鏡越しにのぞいてしまうくらいだった。見ているうちに覚えたのは、メイク直しの最後にミスト美容液でフィックスさせるのが大事だということ。13時に売り場に戻ったとして、夕方の短い休憩を挟んであと7時間売り場に立たなければならない。こんな忙しさなのに、喫煙率が高いのが不思議だった。

たまたまダイエットに成功し、ファンデーションと口紅まではこなせるようになったころ、臨時で婦人雑貨を手伝ってほしいと頼まれた。正面玄関からエスカレーターで上がってすぐの一角で、制服の着こなしさえちがって見える垢《あか》ぬけたスタッフしかいない売り場だった。人手不足のデパートで、美人やメイクがうまい子の数は限られている。158センチ、5キロ痩せて7号になると「あちら側」に呼ばれるのかと驚いた。

初日から、私の容姿にクレームがついた。期間限定ショップという形でやっと招いたブランドの華やかな女性社員が、押し殺した声で課長に抗議している。「メイクが不十分でやぼったい」という内容だった。海外セレブご愛用、デザインの決め手はたっぷりのフリル。そんなかわいい雑貨の販売員が私。イメージが合わないのはわかっていた。押し切られてしまったが私だって断ろうとしたのだ。ため息をのみこんで、矢継ぎ早に飛ばされる指示を聞き漏らさないよう気をつけた。昼休み、セザンヌのチークをふんわりとつけた。彼女はすぐに気がついたようで、表情が緩み午前中より優しい声になった。よし、できるだけ商品の雰囲気に近づけよう。早起きしてメイクをした。見るだけと近寄ってきたお客様をのせる、彼女の接客テクニックを見習い、一点でも多く売れるよう頑張って会期を乗り切った。撤収作業を手伝ってくれた男性課長にまで「いつもと違った一面を見せてくれて助かりました」と笑顔で言われてしまった。正式に婦人雑貨の担当になったのはこの後だ。

まずチークを塗り忘れることがなくなった。眼鏡をコンタクトに変えアイメイクも欠かさない。規定の黒いスカートを細身のものに買い替え、ヒールを高くし、メイクアイテムを増やしていった。「チーク変えたんだ」「最近のアイメイクいいですよ」「爪きれいですね。ラメかわいいー」。些細な変化なのに必ず誰かが気がつくのが怖かった。ほめ言葉には、もっと濃くもっときちんとした化粧をしてほしいという圧力がある。婦人服売場で働くようになると「あなた何号?」「45キロある?」といった露骨な質問まで日常茶飯事になった。

毎日鏡に囲まれているうち、周りの人と自分の違いを考えるようになった。答えを見つけたのは、ネイルブランドのOPIの新色スウォッチを探して、個人ブログや掲示板を巡っていたときのこと。

「ある人がすごくきれいなピンクのネイルをつけていたからって、ブランドや品番を聞いても無駄。その人はものすごくたくさんのピンクを付け比べたか、手に取った一本がたまたま完ぺきに似合ったか、だから」

私のメイクや服が似合ってないのは、試す回数が少なく、当たりを引けていないから。似合わないからとすっぴんでいる自由はもうない。

いろいろなメーカー、いろいろな種類のコスメを試すようになった。「毎晩お風呂に入る前に練習すれば上手になるよ」という助言を受けて練習の数も増やした。どうしても、服の良し悪しは長いことわからなかったが、パーソナルカラー診断と骨格診断を受けたのが一番役にたった。フリルが私に合わないのは体格上仕方ないと知って、ほっとした。

鏡を見るたびに自分の改善点を考えていたが、販売員としての売上成績は、最初からよかった。

「ちょっと見ているだけですぐ声をかけられると店から出たくなる」

「試着時におおげさに「お似合いですよ」といわれるのが嫌」

お客様のそんな気持ちがわかるからだろう。一方的なセールストークはしない。見え透いたお世辞は言わない。距離を詰めすぎない。迷っているときには買わなくても大丈夫ですよという気配を漂わせる。流行やアイテムの違いをわかりやすく説明できたのはファッション誌のおかげだ。

イメージしやすいようシチュエーションやコーディネートをたくさん提案したのも、売り上げにつながったかもしれない。普通のお客様にとっては、「ちょっとしたお出かけ」より、「普段どれだけ着まわせるか」のほうが大切なのだ。デニムにもあいますよ。ご旅行ですか、荷物に入れてもしわになりにくいです。3シーズン着られます。いまお持ちのバッグとよく合います。コンバースみたいなスニーカーはお持ちですか？　トップスの色違いもあててみませんか。

このまま販売員を続けられるのではと思っていたころデパートの閉店が決まった。ニュースを見たというお客様に知らされた。突然のことだった。

「おたく閉めるって。大丈夫？」

まさか自分が、もう開かないシャッターの前でお辞儀することになるとは思わなかった。ショックを引きずったまま転職活動をはじめて、驚いた。証明写真の自分の顔……。顔が、今までの写真と印象がまったく違う。ごく普通のブラウンのアイメイクが自然に目を大きく見せている。まつげが上を向いたぶん、目に光が入って明るく見える。チークをのせた頬には自然な血色感が出ているし、お気に入りのリップを塗った口角はきゅっとあがっている。背筋が伸びて、スーツやブラウスもとても似合っていた。私はこんな顔していたのか。メイク、笑顔、接客。すべてが、今の私になるために必要だったのだ。正直、自分の顔が好きだと思える瞬間がくるなんて、思ってもみなかった。転職活動に対して感じていた不安が、一気になくなった。この顔で頑張ろうと思えた。

業種が変わり、事務職をしている現在も、デパートに勤めていたころと同じように身支度をする。起きてすぐクロエのオードパルファンをウエストにつける。しっかり顔を保湿して、愛用しているアルマーニのリキッドファンデをブラシで伸ばす。肌の色ムラがさあっと消えて、仕事の顔になる。アナスタシアのアイブロウ、ランコムのマスカラ、シャドウは気分で変えて、クリニークのチョコレート色のアイライナーでしめる。ラメが頬にとけこむオレンジのチーク、見た目はベージュなのに塗るとピリッとしたピンクに仕上がるリップ、この2つもアルマーニ。ひとつひとつ時間をかけて見つけた、私の定番たちだ。

なんだか感じが変わったと昔の友人に言われる。これまでやったことを話すと、そこまでやるのと呆れられる。「自分のこと「ありのままでかわいい」って思ってるんだ。すごい自信だね」と嫌味を言いたくなるのを抑えて「最近服を買っていない」という彼女を買い物に連れ出す。予算を聞いて、彼女のワードローブを考えながら試着してもらう。彼女も変わることができるとわかってほしいから。シンデレラと魔法使いといいたいところだが、実際はスパルタ式。ちゃんと自分でも考える！　普段着るものから選ぼう。靴とバッグはセットで考える。ブラ変えなきゃ。リップも見る？　店員が苦手なのはわかるけど、見ているだけなら「今は見ているだけです」でいいの。似合わないと思ったら「イメージじゃないので考えます」、相手に気を使いたいのなら「また来ます」くらいで大丈夫。

紙袋を持った彼女の目が輝いてきて、いきいきとした笑顔になるのと、次に会ったときに似合う服を着ているのがなによりうれしい。デパートを辞めた後にもこんなことをする日がくるなんて。

対面販売の良さをわかってほしい。販売員は商品を売りつけてくる敵だという誤解を正したい。ご指名買いのつもりだったのに、BAさんが付けてくれたアイテムのほうがよく似合ったり、すすめられた服がヘビロテアイテムになったり、サイズを合わせてストラップも調整してもらったブラをつけたら疲れにくくなったり。デパートはこういうサービスや商品知識の積み重ねでできている。

今でもデパートによく行く。何を買うというわけでもなく立ち寄るし、大きなデパート目当てに泊りがけで出かけることもある。最近はアナスタシアに通うため毎月遠出する。

アナスタシアとは一回4000円ほどで眉の形をワックスで整えてくれるサロンだ。ほとんどの店舗はデパートの化粧品コーナーにある。

個別ブースに案内され、どういう眉にしたいのかカウンセリングからはじまる。「優しそうに見えるようにして」「OLらしい感じに」なんてあいまいな希望でも形にしてもらえる。はじめての人には手順を丁寧に説明してくれる。わかりやすいよう外側に太いラインを引いて確認。その上に少し熱いくらいのワックスをのせて一瞬ではがす。敏感肌の私は痛みや肌荒れが心配だったのだが、軽く赤みが出る程度で問題はない。毛抜きでも細かく調整してもらえる。「こんなラインが私の中にあったなんて」「これ以上整えなくていいくらい」と、できあがるすっぴん眉を絶賛してしまう。あとは、自分の眉の特徴やメイクの注意点を聞きながらパウダーやジェルを使って仕上げてもらう。手鏡の中の私は眉のパーツモデルだったかしらと思うくらいの仕上がりだ。眉山から眉尻のあたりが白くつるんと光っている施術後の顔を見ると安心する。

サービスにお金を払うことをもったいない、手間をかけることを無駄だと考えないでほしい。眉毛を描くのが苦手なら外注できる。似合う色や服を一緒に考えてくれる店員はたくさんいる。似合う色や服を探すサービスもたくさんある。簡単なパーソナルカラー診断が受けられるデパートもある。他の人の力を借りて、自分を変えることができる。


デパートを辞めてから、今の私の顔が一番好き、未来の私はもっと好きという気持ちで生きてきた。友達に「まだなにかするの」と呆れられるほど新しい美容法、化粧品には手を伸ばす。美顔器も欲しいし、小物やアクセサリーを充実させたい。

最近、新しい香水を買った。メゾン フランシスクルジャンのアミリス。透明感の高い柑橘系の香りにこっそり苦みが隠れているのが今の気分だ。私は変わる。もう他人の視線も鏡も怖くない。

デパートの販売員だった女
重視するのは「疲れない」メイクであること。
日々顔のバリエーションを出す事には興味がなく、
すっきり見えるアイテムがお気に入り
つけるものより落とすものを重視したい…
サロン「アナスタシア」に片道3時間かけて通い眉を整えている。
これさえすれば1ヶ月間は放置してOK.
〈ジョルジオ アルマーニ ビューティ〉はどのアイテムも「誠実な感じ」がするので好き。
ファンデーションは8年間使ってる。
『世界一の美女になるダイエット』（エリカ・アンギャル）を愛読。
5年くらい実践している。
ハードなダイエットは必要ない体型を維持

深くて暗い崖の向こうで「楽しいよ！」と言い続ける

Interview with Anna Osada

「美容は自尊心の筋トレ」など、前向きなメッセージで支持を得ているライター・長田杏奈さん。コンプレックスと軽やかに付き合う長田さんに、自分を愛するヒントを聞きました。

撮影＝飯本貴子

多様な美意識を繋ぐ「何か」

——数々の雑誌で執筆し、多くの女性のおしゃれを応援している長田さん。美容に興味を持ったきっかけを教えてください。

長田　母が化粧品メーカーの美容部員をやっていて、10代のころから美容に関心がありました。でも、好きなこ

とが仕事になると思わず、手堅い士業を志すも挫折。まったく向いてなかった営業職を経て、女性週刊誌の記者に流れ着きました。アザラシのタマちゃんを追って聞き込みをしながら川を下ったり、Dr.コパに風水にいい大掃除法を聞いたり、凶悪事件を振り返ったり、オリンピック特集をしたり、なんでもやってましたね。妊娠をきっかけに「育児との両立は無理!!」「フリーでやるなら好きな美容に特化したいな」と思い、今の道を選びました。

——週刊誌記者としてのキャリアの延長だったんですね。

長田　下積み時代は、美容雑誌の編集部の撮影手伝いなど細かい仕事。今でも覚えているのは、「プレスさんのカウントダウン美容24時間」という企画記事です。大事なパーティーやイベントの際にプレスがどんな美容をするかを取材。1人あたり24時間合計8人の聞き込みをしたんです。

——すごい。

長田　実はねちねちした性格なので、100書けばいいものでも、500聞いて濃縮するスタイルをとっちゃうんですよ（笑）。でもそういう粘りに需要があって、フリーランスでも執筆仕事をいただけるようになったという流れですね。

——おしゃれ初心者からすると、美容雑誌とか美容ライターさんって「すでにこだわりや基礎がある人のために奥義を教える」イメージがあったんです。でも長田さんは、「まずは〝焼かない・乾かさない〟から!」とか「気持ちが上がるアイテムから始めよう」とかもっと初歩的な心構えをやさしい言葉遣いで打ち出してくれていて、すっと心に入ってきます。

長田　私自身いろいろなことにコンプレックスを抱いてきたので、美容に抵抗がある人から支持いただけるのは非常にうれしいです。この本の寄稿もあらかじめ拝読したのですが……読みながら泣いちゃったんですよ。今も思い出すと、だめで……（涙ぐむ）。

——えっ！　そこまで感じ入ってくださったとは。

長田　どれもタイトルの時点では、自分とは関係ない人に思えるじゃないですか。私のあだ名は「叶美香」じゃないし「擬態」もしてないし。でも、読み始めると、自分が日常の中で深追いしていかなかった違和感とか、身に覚えのある喜びとかの話が書かれていて。

　みんなバラバラで、多様でそれぞれ違う美意識を持っていて、リアルで会っても仲良くなれるかわからない人たちなんですけど、そこにちょっとずつ繋《つな》がりを感じられる「何か」があって、すごく素敵だなと思いました。

——共通点や普遍性を見出してくださったんですね。

「仮想敵」にビクビクしなくなった理由

長田　私は、女の人たちが価値観を超えてお互いを認め合って生きていくのって、すごく大切だと思っているんです。でも、美容のこととなると分断が生まれやすい。美容に力を入れているように見える人とそうでない人の間で、「ああ、あっちの人ね」「ああ、こっちの人ね」って感じ、ありますよね。

——長田さん自身も、分断を感じることはありますか？

長田　世間からの「美容」の人間に対する警戒心はひしひしと感じますね。たとえば今日のようなインタビューであっても、相手の人から「この長田って人は、私の顔を見て、何かダメ出ししてくるのではないか」という気配が読み取れることは多い。まず「そうじゃないです」って伝えるところから始めないといけないんです。

——「他人のために」の章では、アイドルとしてのおしゃれを求められていた人や、デパートの販売員として美意識を養った人が出てきましたが、よく考えたら美容ライターさんというのも、世間からの美意識への要請が強い職業かも……。

長田　駆け出しの頃はかなり翻弄されてました。ちょうど美容業界でも「みんな巻き髪！　ネイルアートにエクステ！」という時代があって。たしかに美容は好きなんですが、私の好きな美の理想とはちょっと違ったんです。ブローも爪を伸ばすのも苦手だし、でもネイルサロンですっごいネイルをして、髪を巻いて、エクステをして「美容ライターでございます」という顔をしてないと一人前に見られないのかな……なんて気にしていました。

――誰かにそう言われたんですか？

長田　いや、勝手に自分で「仮想敵」を作り上げてたんです。ただ、週刊誌時代や、その前の会社員時代には、外見やふるまいについて厳しく言われていたので、萎縮していた部分はあるかもしれません。私、昔からニコニコしがちで、照れ隠しに「ドゥフフ」とか笑ってしまうんです。それでよく、「ヘラヘラするな」と怒られてました。

たぶん、相手におもねりへつらっているように見せるなということなんでしょうね。萎縮した結果、メイクについても、「社会人のステレオタイプ」のようなものを目指してしまっていました。学生時代は、母が持って帰ってきた新作のパレットを使って試行錯誤するのが楽しかったはずなのに、いつの間にか「私はアクもクセもなく、ちょっとニコニコしてしまいますが、みなさんの害にならず、いち歯車としてお仕え申し上げます」と見せるようになっていたんです。

――そういう人、少なくないと思います。就活でも「みんなと同じ」見た目にすることが推奨されますし。

長田　でも、美容ライターになってからは、最初は仮想敵にビクビクしていたものの、型にはまらないメイクの楽しさを思い出せたんです。化粧品や美容法について書くとなると、自分でも塗ったりやったりしないとわからない。で、いろいろ試していくうちに「あ、これが私らしいな」とか「これをつけると気分いいな」とかいった気持ちが取り戻されていったんです。

それに、業界に入ってから、自分のおしゃれを全力で楽しんでる人にたくさん出会えた。いつもパックリ背中のあいている服を着ている仕事仲間がいるんですが、「わ〜、なんか目が気持ちいいな！」ってこちらもウキウキしてくるんです。

——素敵！

長田　そうやってリハビリした経験を通して、自分への愛着も育《はぐく》まれました。「鉄砲玉として野垂れ死んでも結構！」みたいな捨て身なところもなくなり。初心にかえって、「これが塗りたい」「こういうのが気持ちいい」と自分の気分を確かめながら美容を楽しんでいたら、人生全般において、自分の「こうしたい」「こういうのがうれしい」という心の声に耳を傾けるクセがつきました。それでかなり生きやすくなった部分があって……。

人にどう見られてどんな扱いをされるかでいちいちダメージを受けにくくなったし、容姿に関して「私は私の良さがわかってる。すごい美人じゃないけど、そこがなんかいいんだよね！」という愛ある開き直りができるようになった。美容って「見た目偏重の勘違いナルシストが欲まみれにチャラついてやること」というような偏見を持たれることもあるし、そういう偏見を内面化してしまう美容好きも結構いるじゃないですか。それに対しては、矢面《やおもて》に立って大声で反論していきたい。「何をおっしゃいますやら！　美容はね、自尊心の筋トレなんですよ！」って。美容を通して、自分を慈しみ尊重する心を鍛えてるんだ、#美容は自尊心の筋トレ、なんだぞ！って。

——おしゃれは似合わないと思っている人に響く言葉だと思います。

長田　美容コンテンツって、どうしても「女として」「大人として」「社会人として」といった、〝たしなみの伝授〟を打ち出したものが多いんですよね。もちろん美しい所作とか姿勢とか、人に好まれる清潔感とかも大事なんですが、たしなみの枠にとどまらない楽しさを伝えないと、間にある深くて暗い崖を飛び越えてもらえないなって感じるんです。「おいでよ！　楽しいぞ！」と言っていく役目は、常に意識していますね。

いつでも「気にしない代表」でいたい

――美容ライターの仕事を通して、自分のためのおしゃれを取り戻した長田さん。日々楽しくおしゃれをするために、心がけていることはありますか？

長田　「気にしない」というのはすごく大事だなと思っていますね。先ほど仮想敵の話をしましたけど、生きていると、広く「女」に対しての攻撃的な言説ってたくさんあるじゃないですか。「日本人女性は、誰とでも寝るって思われてるんだよ」とか「40代になったらこれは着ちゃダメ」とか。

――山ほどありますね。

長田　そういうものにいちいち反応して、誰からも文句をつけられないようなおしゃれを目指す、というのは意味ないなと思ってますね。広いカテゴリに石を投げてくる知らない人に付き合っても仕方ない。たとえば対面で「長田がつけてるそのリップ、ダサい」とか言われたら、「え、どうしてですか？」とコミュニケーションを始めていけるんだけど、顔

女の人全員に「きれい」って思っちゃう

の見えない人からの攻撃は、気にしない代表、無視する代表でいたいと思ってます。

――「気にしない代表」というのも、いい言葉ですね。たとえば、セルフィーひとつとっても「自分のこと好きすぎでしょ」とか「ブスなのに自撮りしてる（笑）」なんて心無い言葉がぶつけられることがあるじゃないですか。私も「人にあれこれ言われたら嫌だな」ってずっと思っていたのですが、30歳に近づいてきたら「人にどう思われようといいや。自分がやりたいからやるし」と思い始めました。

長田　そうなんですよ。私、海外セレブのＩｎｓｔａｇｒａｍをすっごく見てるんですけど、そこにセルフィーが恥ずかしいと思う文化は皆無なんですよ。セルフィーを撮ることが「自意識」と別に結びついていない。『人のセックスを笑うな』っていう本がありましたけど、「人の自意識を笑うな」「人の自己愛を笑うな」というのが大前提なんですよね。私も以前はＩｎｓｔａｇｒａｍで、ビーチに寝転んで足とシャンパンのグラスを写すような写真をあげている人たちを見て「うへ～」と感じていたのですが、そこで「苦手」で片付けずに、自分でもやってみたらどうだろう?と修行のつもりで始めたら、意外と楽しくなってきた。思考停止しないで近寄ってみると、自分自身を掘り下げるきっかけになるんですよね。

「美意識のストレッチ」が歓迎される時代

――今回、アンケートをとったのですが、「自分の外見が嫌いなのでテンションが上がらない、何をしても楽しくない」という人や「自分の体形に合った服を選ぶのが大変で、でもそれを人に相談できない」なんて人がいました。「見せたい自分」や「なりたい自分」がわからずに一歩を踏み出さないという人も多かったですね。

長田　まず、最初から「人に見せる」ことを前提にしなくていいんですよね。家のなかでいいので、何が自分にとってうれしい格好なのかを考えたり試したりしてみたらいい。それ以外はノイズじゃないかって思ってます。

――長田さんは海外セレブから女子プロレスまで、さまざまな世界のなかに美を見出していますよね。最近美しいなと思った人はいますか?

長田　植物の話でもいいですか?

――というと……?

長田　私は、ニコライ・バーグマンや假屋崎《かりやざき》省吾《しょうご》が「どうだ!」と立体的に生けるような、元から華やかで大ぶりな花には、あんまりグッとこないんですよね。それよりも、野に生えているエノコログサ……しゅしゅっと1、2本生けると風情が出るようなささやかな野花が好きだなあと思って、最近はそういう植物のことばかり考えてます。

これは日々、美容天下一武道会の一等賞みたいな美しい人たちに会い過ぎて麻痺しそうになった感覚を取り戻しているのかも。だからこそ、自分のことを「どうせ私なんて……」と卑下《ひげ》している人に「いやいや、私はあなたのことすごく素敵だと思うんですよ!」といちいち伝えることに、生きがいを感じている。

――ああ。

長田　私自身にも、いくつもアラとされるものがあります。たとえば、このそばかす。私は美容ライターなので、技術とアイテムを駆使すれば隠すこともできます。でも、今日のインタビューにいろんなアラを隠してくるのは「なんか違うな」って思った。堂々とすれば、らしさや味になることもあるんだよというのを、メイク越しに表明したいんです。

――すごく、伝わってきました。

長田　実は現在の海外セレブ・モード界では、整いすぎた型通りの美人はおしゃれじゃないという風潮になってきているんです。「スタイルがない」「ヴィクシー(※)向き」って言われて、起用されない。長らく王道とされてきた美に対して、どこかアンバランス

※ヴィクシー……アメリカで人気の下着ブランド「ヴィクトリアズ・シークレット」の略。専属モデルに選ばれることはスーパーモデルの登竜門とされるが、近年では、グラマーでセクシーなステレオタイプな女性モデルばかりを起用していることへの批判も集まっている。

なポイントを持っている人にアドバンテージがあるんです。私は、一点の曇りもない圧倒的ビューティーを見るのも楽しいけれど、それだけが美だって考えていたら、やっぱりどこかで心が折れちゃってたと思う。だから、美容の世界にも多様性の時代がやってきているのがうれしいです。ファンデーション一つとっても「美しいとされている5色を用意しました」じゃなくて「それぞれの肌色にあわせて25色用意しました！」となった。

——歌姫・女優などとして活躍するリアーナの手がけるFENTYは、まさに美と多様性の価値観をアップデートしているブランドですよね。

長田　FENTYもそうだし、最近日本でTHREEがメンズ向けのコスメを出したんですが、それもファンデの色が多くてびっくりしました。女でも男でも、何歳でも、美しくなることを楽しめる時代です。

——美しいと思うものを広げて、他者の美しさを見出していくと、まわりまわって自分の生きやすさにつながるってことですよね。

長田　美に対するアーカイブの拡張と蓄積……、「美意識のストレッチ」というとわかりやすいかもしれません。

——それまで知らなかった価値観を知れたってことですね！

長田　「美」ってすごく多様で、自由なもので、『だから私はメイクする』からも感じられたんです。日々、美容天下一武闘会の渦中にいるからこそ、外れたところにある価値観を摂取していきたい。それは文化的素養や知性をブラッシュアップすることでもある。「世の中で○○さんしか綺麗じゃない！」よりも「あなたも綺麗、あなたも綺麗、あなたも綺麗……全員、いいじゃん」みたいな世界になったらいいなと思います。

長田杏奈（おさだ・あんな）
ライター。美容をメインに、インタビューや海外セレブなどの記事を手がける。趣味は女子プロレス観戦、北欧ミステリーなど。モットーは「美容は自尊心の筋トレ」。Twitter：@osadanna

インタビュー当日、長田さんがつけてきたコスメを一挙紹介！

◆下地

1 クレ・ド・ポー ボーテ クレーム UV
2 NARS スムース＆プロテクトプライマー
3 RMK ベーシック コントロールカラー

◆ベースメイク

4 NARS ナチュラルラディアント ロングウェアファンデーション
5 クレ・ド・ポー ボーテ コレクチュールエクラプールレジュー NO

◆アイブロウ

6 イヴ・サンローラン・ボーテ ブロウクチュール パレット 1
7 アナスタシア デュオブラシ
8 バーバリー フルブロウ 02
9 ケイト ジェルアイブロウコート EX-1

◆チーク・アイカラー

10 SUQQU 2018 15th アニバーサリー カラー コンパクト 101

◆アイライン

11 ベアミネラル ワン ファイン ライン マイクロ ライナー プレイサイス プラム
12 ヴィセ リシェ カラーインパクト リキッドライナー RD440
13 フーミー マルチライナー comeon
14 ラブ・ライナー ペンシルアイライナー R ABR

◆アイラッシュ

15 ケイト ラッシュフォーマー WP（ロング）

◆口紅

16 NARS ベルベットリップグライド 2713

※価格、メーカーは省略しています。

今回のメイクコンセプトは「意志のある人間として話す」ということ。相手に伝わらなくても、自分のやる気が出ればそれで OK ！

特にこだわったのはアイブロウ。6 7 で眉頭を強めに描き、9 で眉毛を逆立てて、意欲とエナジーを表現しています。媚びない肌に仕上がる 4、くまが常駐する目元を明るく整える 5、下まぶたのキワに入れるとびっくりするくらい可愛い 13 も最近のお気にいりです。

513人にアンケート！

あなたの美意識、教えてください

（集計期間：2018年8月4日～15日）

おしゃれは人それぞれ、自分なりに味わえばいいもの。
でも、隣のあの子のおしゃれのひみつだって、それはそれで知りたいですよね。
劇団雌猫では、Twitterを通してアンケートを実施。今を生きる女たちの美意識を探ってみました。

Q1 おしゃれ、好きですか？

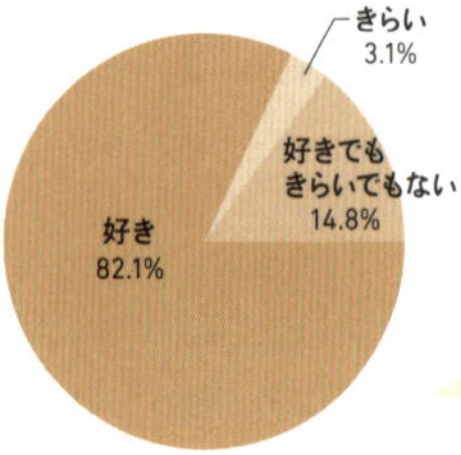

◉圧倒的多数が「好き」

もともとおしゃれに関心がある人が協力してくれたのだろうとうかがえる結果に。下は15歳の高校生から、上は50歳の公務員のかたまで、年齢も立場も本当にばらばらな方たちが答えてくれました。

おしゃれに縁遠いイモオタ女学生だった私も、今ではOL擬態の神（とまではいかないですが）となることができました。ですが根本は変わりません、洋画や海外ドラマオタからテニミュにジャンルを広げて充実したオタクライフを送ってます。（27歳・公務員）

Q2 自分の外見に満足してますか？

◉まだまだ満足してません！

Q1で「好き」と答えたのとほぼ同数が「満足していない」と回答。
とはいえ、試行錯誤そのものを楽しんでいる人も、多いですよね。

プチプラのファストファッションは学生で舞台俳優オタクの私にとってなくてはならないものですが、Mサイズのみなど、ワンサイズ展開が多く、下半身Lサイズの私には着こなせないものが多いです。ぽっちゃりでも着られるファストファッションがあればぜひ情報共有したいです。（21歳・大学生）

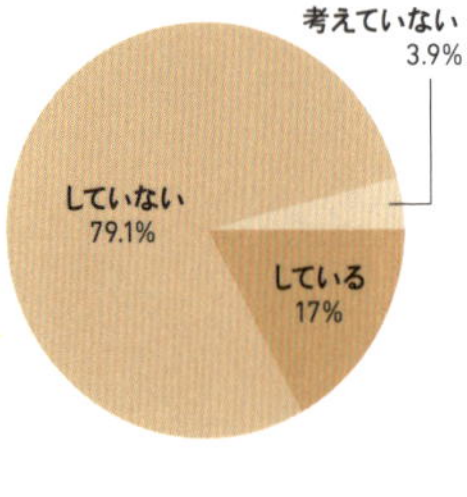

Q3 あなたにとって、おしゃれは何のためにするものですか？

◉おしゃれは自分のためだから楽しい！

本書の大きなテーマともかかわる本問の回答、「自分のため」が多数でした。「社会のため」と答えた方の9割以上が、Q1 でおしゃれが「きらい」と答えているという関連性も……。

成人式で美容師さんにメイクをしてもらった時、こんなに顔が変わるんだ！と驚き、自分でももっと頑張ろうと思いました。（27 歳・会社員）

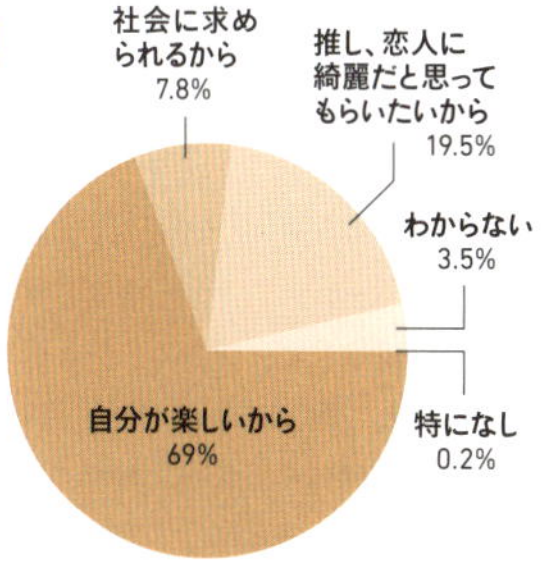

Q4 1ヶ月の美容費を教えてください。

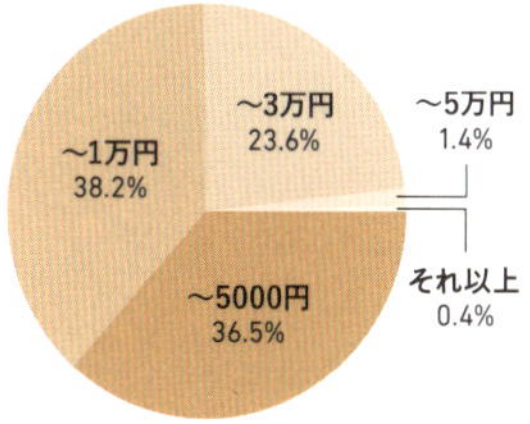

Q5 1ヶ月の服飾費を教えてください。

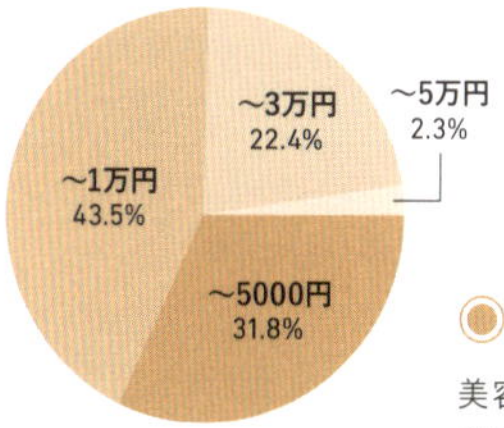

◉月10万円かけているツワモノも……！

美容費も服飾費も、ボリュームゾーンは「～1万円」。しかし、美容にも服にも月5万円近く使う！という方や、美容にかぎって月5万円以上使う！という方も……。内訳が気になります。

病院勤務、ほぼマスク、部署に女はわたし一人、男性も全員アラフィフ以上という職場のためスッピンでも特に問題がなく、ポイントメイクアイテムはほぼ減りません。でも、コスメカウンターに行きたい欲が定期的にやってきます。普段着ないワンピースを着て歩いて百貨店に向かう時は本当に最高。金使いたいなと思うと、デパートで化粧品を買ってしまいます。ポイントメイクアイテムは持て余してしまうので、基礎化粧品を中心に浪費しています。（29 歳・公務員）

Q6 おしゃれのために心がけているルールはありますか？

パーソナルカラー診断と骨格診断を受けてから、カラーメイクも服のラインも、結果に合ったものをチョイスしている。診断にかかった費用はそこそこだったけど、服、コスメ、髪色選びが楽になったので受けてよかった。限界オタクの皆様にこそ受診をお勧めしたい。（33 歳・舞台関係）

パーソナルカラーと骨格診断をもとにして似合うものを意識して選ぶ。でもひとめぼれしたものは「似合わせる」という意識で迷わず買う。好きなもんは好きだ!!!!!（23 歳・会社員）

同人イベントに参加するための服を半年前から考えています。最近のオタクはとてもきれいで、かわいいため、田舎者でキモオタの自分もきちんとした格好をしたいと思うからです。（33 歳・会社員）

かわいいメイクや格好ができた際は自ら鏡の中の自分を「さすが私」「超かわいい」と褒め称えるし、彼氏に賛同を求めます。言い聞かせないと背筋がシャキッとしないし、自信持って外を歩けないです。どれだけかわいい格好をしても、自分に自信がないとどうしてもかわいく見えないものです。（24 歳・保育士）

外を歩くときは常に口角を上げる。姿勢が悪いため、ドラマを見るときはヨガをしながら。寝る前の15 分は必ずストレッチを行う。（23 歳・宝飾関係）

とにかく笑う！ 絶対的なビジュアルで負けている以上、いつも笑顔でいることで雰囲気ポイントを上げるよう心がけています。（35 歳・こども写真スタジオ勤務）

なるべく他者に決めてもらう。他者評価がすべてだと思っています。（29 歳・看護師）

髪が剛毛で癖毛なのが小さい頃からコンプレックスでした。お金を自分で自由に使えるようになってからは 2 ヶ月に 1 回は美容院、半年に 1 回は縮毛矯正をかけています。お金でコンプレックスはある程度緩和できるんだなあと思いました。縮毛矯正で癖を取って真っ直ぐになった髪の毛を、毎朝コテで巻くのだけはこだわりです。（22 歳・学校職員）

Q7 メイクや服選びなどで悩んでいることがあったら教えてください。

自分で見ても似合っているのかわからない。店員さんの「お似合いですよ～」がサービストークに聞こえてしまいます。　（34歳・サービス業）

結局顔じゃん、何をやっても意味ないなと思って、ときどきやる気をなくしてしまうこと。　（19歳・学生）

推しに可愛いって言ってもらいたいけど男ウケする服がわからない。（21歳・大学生）

パーソナルカラー的に、推しのイメージカラーが自分に合わない。　（30歳・公務員）

いい女風な服が好きだけど、えらいおじさんと並ぶと愛人に間違われること。なので、普段はキャップを被ってダボついた服を着ています。（29歳・ヘアメイク）

メイクをしている感じにならない。まず、メイクをするのが好きじゃない。転職して仕事着ばかり揃えたら、私服がなくなった。
（26歳・インフラエンジニア）

こんなに時間をかけて工程を踏んで顔を作ってるのにきちんとお化粧していますという雰囲気がなぜ出ないのか、雑誌や美容系YouTubeチャンネルと同じ手順でやってるのに、なぜ顔の数ヶ所にちょっと色がついただけみたいな仕上がりになるのか……。　（22歳・会社員）

自分の肌質に合うメイクやスキンケア用品が分からない。複数のカウンターで肌診断をしてもらっても、結果がバラバラなことがあり、どれを信用していいか分からない。パーソナルカラーやパーソナルデザインなどいろんな情報がありすぎて、どんなメイクや服を着たら似合うのか分からない。田舎なのでそういった講座をしてくれる場所も無いので困っている。　（24歳・大学院生）

欲しい化粧品や洋服があっても雑誌やSNSで「これはブルベ向き！イエベ向き！骨格ストレート！」などと書いてあると、自分はこれに当てはまらないから似合わないのかな？と買うのをためらってしまう。（23歳・会社員）

Q8 美意識がガラリと変わったエピソードがあったら教えてください。

映画『名探偵コナン ゼロの執行人』で安室《あむろ》透《とおる》に惚れてから本格的な脱毛に通い始め、絶対に今までスルーしていたジャンルの服を見て回るようになり、むしろそれが楽しくなった。さらに疲れを残さないために月に一度スパに行ってマッサージを受けるようになった。（35 歳・会社員）

自分の高身長がずっとコンプレックスだったのですが、韓国のアイドルを好きになってからその認識ががらっと変わりました。高身長でかわいいも格好良いも自在な彼女たちを見て、背が高くてもかわいい服着てもいいんだ、自分もこうありたい！と誇りに思えるようになりました。（24 歳・会社員）

上司が、夜に会食があるときなどだけ朝からバッチリメイクをしてくるのだが、その時の口紅次第ですごく雰囲気が変わるので、リップクリームすら塗らなかった自分の中で、唇メイクの存在が大きくなった。今はエスティーローダーの口紅＋クラランスのコンフォートリップオイル 03 でやる気のある唇感出してます。（30 歳・会社員）

鬱《うつ》を患っていた際にお芝居にハマって徐々に回復、推しのためにおしゃれするようになったら、チークの色をピンクからオレンジに変えただけで女医さんに「化粧変えた?」と言われて驚いたこと。元気になるとおしゃれし出すし、気づいてもらうとうれしくてそこからまた徐々に身だしなみに気合いが入るようになった。（42 歳・会社員）

私の目はつり目で一重です。成人してすぐ美容整形の埋没で二重にしたのですが、長年のコンプレックスが解消されても自分の顔を好きになれず、むしろ整形した事実に苦しめられるばかりでした。
そんな折、成人式で中学の同級生に会い、以前はかっこよくないと思っていた彼が、好きな仕事を一生懸命した経験でとても美しい「いい顔」になっていたことに衝撃を受け、初めて「生き方が顔を作る」ことの意味を知りました。同時に、造形にばかりこだわっていた自分と向き合ったことで、この目もいつか肯定できるのではないかと考えました。芸能界の人の持つような目元ではなく、私にしかない「いい顔」になりたいと思えたのです。この考え方の転換をきっかけに、目の埋没は取りました。今の目元は一重ですが、メイクを楽しんでいますし、私は今の私の顔が好きです。（22 歳・大学生）

CHAPTER 3

何かを探して

パーソナルカラーに救われた女

技術や理論を習得することは、単純に楽しい

名前：アキクサインコさん(28)　出身：東京都
好きな映画：フランシス・ハ
性格：後悔するけど反省しない

№11

子供のころから、少女マンガが大好きだ。『美少女戦士セーラームーン』の月野《つきの》うさぎ、『魔法騎士レイアース』の獅堂光《しどうひかる》、『神風怪盗ジャンヌ』の日下部《くさかべ》まろん、『フルーツバスケット』の本田透《ほんだとおる》、『ふしぎ遊戯』の夕城美朱《ゆうきみあか》……。平凡な日常を抜け出して冒険に踏み出す主人公たちはみんな、ある共通点を持っている。一生懸命で、まっすぐで、めちゃくちゃかわいいということだ。

モノローグで「どこにでもいる普通の女の子」なんて言っていても、だまされてはいけない。彼女たちは特別だからこそ主人公になれるのだし、冷静に見てめちゃくちゃ美人だ。読んでいて、「なんでこんな子がこんな素敵な男の子と恋愛できるの？」と不満に思うことは微塵《みじん》もない。彼女たちには、選ばれるに足る内面と外面があったからだ。

第二次性徴を終えた私は、顔がでかくて鼻が低くて足が太くて胴が長くて、周囲の生身の女子と客観的に比べても、圧倒的にかわいくないように思えた。少女マンガの主人公たちが持っているような

内面と外面は到底手に入れられず、ましてや素敵な恋愛が手に入る見込みなんて、もう絶望的に思えていた。当然、メイクやファッションの知識を仕入れようという発想にもならなかった。

結局、エチケットレベルの身だしなみも不十分なまま大学を卒業した私は、上司から「そんな格好で会社に来るな、ホームレスの匂いがする」「よくデブのままでいられるな」「美人は努力、ブスは迷惑だからね」と言われ続けるような、陰惨な社会人スタートを切ることになった（今にして思えばパワハラ案件だ）。怒られたくない一心で、母の持っていた粉やら液やらを顔に塗りたくってもみたものの、自発的なやる気が存在していない以上、継続できるわけがない。私の、「女性として粧《よそお》う・着飾る」ということに対する苦手意識は、ますますこじれていくことになった。

そんな人間がなぜか、今では、コスメの新作情報を楽しみにし、毎日の化粧に時間とお金をかけることをいとわなくなった。きっかけとなったのは、1年前に受けた「パーソナルカラー診断」だ。

パーソナルカラーとは、簡単に言うと「それぞれの個人には、各々の髪や肌の色にあわせて、似合うカラー群がある」という理論だ。黄《き》みを多くふくんだ色が似合う〈イエローベース〉の人と、青《あお》みを多くふくんだ色が似合う〈ブルーベース〉の人の2分類があり、そこからさらにイエローベース春、イエローベース秋、ブルーベース夏、ブルーベース冬へと分かれる。

パーソナルカラーにまつわる話題がSNSで回ってくるようになったのは、ここ1〜2年のことだと思う。「イエベ春」「ブルベ夏」「ウィンタータイプ」「PC診断済」といった言葉たちは、最初、何やら異国の呪文のように思えたが、「剛力彩芽《ごうりきあやめ》ちゃん、ブルベ冬なのにパステルなメイクとファッションばっかさせられてたからダサく見えてたけど、最近はっきりとした色合いメイクするようになったら、ほんと美人になった！」なんていう熱のこもったツイートに添付された画像を見てみると、たしかに、あわせる色味によって、同じ人の顔つきやルックスが、はるかに魅力的なものになっている。おしゃれに疎い私にも、一目瞭然だった。もしかしたら、自身のパーソナルカラーを知ったなら、私も、顔つきやルックスを、魅力的に見せることができるのではないだろうか？　会社を転職し、容姿について理不尽に怒られることもなくなったタイミングだったせいか、自分の見た目に対する、なけなしのやる気が頭をもたげた。

パーソナルカラーの見分け方サイトなどはネットにあふれていたが、どうやら自己診断をすると、間違ってしまうことも多いらしい。ちょうど同時期にパーソナルカラーに興味を持っていた友人たちと、プロの診断を予約した。

表参道駅前にあるビルの一室で出迎えてくれたのは、パキッとしたビリジアングリーンのトップスを身にまとい、きびきびと話す、はなやかな顔立ちの先生。テーブルの上には、燃えるような赤、あわい赤、黄みがかったピンク、青みがかったピンク、まろやかなイエロー、はっきりしたイエロー、派手な茶色、沈んだ茶色、やわらかなブルー、力強いブルー……など、微妙に違った色合いの布がどっさりと積まれている。これらの布のなかから、イエローベースの人に合う色とブルーベースの人に合う色を、顔の下に交互に当てていき、どちらのベースか絞ったうえで、今度はイエローベースのなかで春タイプに似合う色と秋タイプに似合う色、あるいはブルーベースのなかで夏タイプに似合う色と冬タイプに似合う色の布を当てて、最終的なタイプを判断するというのが診断の流れである。

原始的！と思ったが、実際に友人が布を当てられているのを凝視していると、次第に、色によって血色がよく見えたり、目のクマが落ち着いたり、肌の色が均一に見えたり……という変化が出てきた。そのうち、「こっちの色が似合ってる！」「こっちだと微妙！」と、自分たちでもジャッジをくだせるようにもなり、とても楽しい3時間だった。

そうして私にくだった診断は、イエローベースの春タイプ。先生と同じタイプで、先生がまさに着ているようなあざやかな緑や、サーモンピンク、オレンジ、クリーム色などが似合うという。

「真っ白な服を着ると顔のくすみが目立つのでくすんだアイボリーに変えたり、青みがかったピンクのアイカラーは目の下のクマが引き立ってしまうから、オレンジや緑に変えるのがおすすめです」

自分の目の周りに緑を塗るだなんて、考えたことがなかった。でも、先生に施《ほどこ》してもらったメイクは、自分がそれまでに試したどんなメイクよりも、自分に合っていた。イエベ春は日本人には少ないタイプで、合うカラーも廃盤になりやすいという。おすすめアイテムをたくさん教えてもらった私は、その足で渋谷駅東急の化粧品フロアに立ち寄り、ドカ買いすることになった。

それまでの私にとって、コスメカウンターというのは、得体の知れない怖い場所だった。だって、無数の色が並んでいるけれど、どれを手にとれば正解なのかがちっともわからなかったのだ。

しかしパーソナルカラー診断を経てからは、コスメカウンターに気軽に立ち寄れるようになった。無限にならんでいるアイテムに対して、完璧ではないものの「イエベ向け」「ブルベ向け」というものさしを使い、自分に似合わなそうな色を除外したうえで、買いたいものを見つけ出せるようになったのだ。「そもそも自分に似合う色は、結構限られているから、すべてのコスメが選択肢に入るわけではない」という前提は、コスメ購入のハードルを格段に下げてくれた。

化粧という行為自体も楽しくなった。自分が納得いくアイテムを買えるようになったことで、それを使うスキルを向上しようという意欲が増したし、イエベ春を名乗っているコスメアカウントをフォローして、彼女たちのメイクを研究するようにもなった。そう、メイクというのは、選ばれた人間だけが使えるタイプの魔法ではなく、技術や理論の確立した汎用魔術なのだ。技術や理論を習得することは単純に楽しく、上達すれば、とても気分が良い。体裁のためにいやいやメイクをしていたときよりも、純粋にアイテムや技術を試したくてメイクをするようになってからのほうが、実際の出来栄えも良くなっていった。メイクのための時間もお金も、人生の重荷に思えていたのだけど、パーソナルカラーを知って、理論や過程自体を楽しめるようになったことで、結果が出せるようになったのだ。人からかけられる「きれいになったよね」「今日かわいい！」といった言葉も素直に受け入れられるようになった。

最近は、パーソナルカラーをあえて外したアイテムを、自分にあわせるという試行錯誤にも、手を出している。そもそも先生からは「実のところ若いうちは肌がきれいだから、自分のパーソナルカラーに合わない色もそこそこ似合っちゃうのよ。パーソナルカラーにとらわれすぎずに、好きな色の服を身に着けた上で、ところどころで意識するのがおすすめです」と言われていたのだ。自分に「特定の色／メイク／ファッションが似合っている」状態をだいたい把握したからこそ、そうした「外し」をしても不安にならなくなった。

主人公になれなかった自分のことがずっと嫌いで、大学受験に成功しても、就職できても、彼氏ができても、心の片隅にずっと自己否定の気持ちがあった。今だって、自分の顔が好きというわけではないし、努力して痩《や》せた人の比較画像や、ものすごく可愛くなったアイドルの整形疑惑記事などを見ては、「えらいなあ」と眩しい気持ちになったりもする。でも、自分に似合うものを知っていったら、なんだか自分のことが好きになってきた。冒険が起きなくても、素敵な恋愛の渦中にいなくても、人生は意外と楽しい……ということを、やっと実感できるようになった。

次はどんなコスメを買おうか考えながら、美容雑誌をめくるときの私は、少なくともその瞬間だけは、「主人公」だという実感をかみしめている。

パーソナルカラーに
救われた女
メイク時間は20分程度
職場の風紀が自由なので
毎日いろいろなテイストに挑戦中
愛用ブランドは
UNITED TOKYO
コーディネートが楽なので
ノースリーブとワンピースばかり
買ってしまう…
PC診断を受けてからは
ベージュ、コーラルピンクなどの
淡い色合いを取り入れるように。
友人（ブルベ冬）が
「合わなかったから」と
譲ってくれた
CHANEL
ルージュココ サリドレ
をヘビロテ!

「言うほどかわいくないじゃん」

整形しようか迷っている女

名前：フェネックギツネさん(24)　出身：青森県

好きな映画：お嬢さん　性格：神経質でクソ真面目

№ 12

「かわいい」と言われるようになったのは中学校に入った直後だった。そこから、わたしの容姿に対する自意識がおかしなことになっていったんだと思う。

それまでわたしは「かわいい女の子」という扱いを受けたことがなかったので、小学校から持ちあがりの子たちが、受験で入学したわたしを他のクラスから見にきて囲み、かわるがわる名乗るのを見て、本当に困惑した。そしてどんどん、「あの子はかわいい」という扱いを受けるようになって、最初はほんの数人しかそう思ってなかったのかもしれないけれど、わたしは中学校を卒業するころには、「かわいい子」ということになっていた。

ただ自分で楽しむためだけに、『ちゃお』の応募者全員サービスの髪留めをつけてみたり、子供向けブランドが出しているお化粧品で遊んでみたりしていたわたしの容姿は、中学校のあいだで、他人に見られ、評され、そのうえでがっかりされないようにしなければならないものになった。わたしは人の目が見れなくなり、誰かほかの女の子がいるときにトイレで鏡を見れなくなった。

「え、ぜんぜん、言うほどかわいくないじゃん」

最初は褒められてうれしかったのに、そんなふうに期待外れと思われることが怖くなっていった。

みんなが誰かを「あの子がかわいい」と言うように、わたしも誰かを「あの子がかわいい」と言ってきた。同じクラスの色素の薄いあの子、人気アイドル、女優、モデルをやっている後輩、いろんなひとを、かわいいと思った。とつぜん「かわいい子」という扱いを受けるようになったときから、わたしは、いつもそれらのうつくしいひとびとのうつくしさにはっとするたび、同時に泣き出しそうな気持ちになった。

「このひとたちに比べたら、わたしなんて、ぜんぜん、かわいくない」

今までわたしをかわいいと言ってきた人を、呪いたくなった。高校生になる頃には、わたしはもう、自分は「かわいい」存在なのだという自負を剥《は》がせなくなった。一度、何かの間違いだとしても「かわいい」と言われてしまうと、もう「かわいくない」「ふつう」「そうでもない」と言われることに、耐えられなくなってしまったのだ。

「わたしにはかわいいといわれるような容姿があるはず」なのに、どうして「このうつくしいひとたちと、わたしは似ても似つかない」の?

手鏡でじっと自分の顔を見続け、ケータイのカメラで横顔をたくさん撮って「こんなにブサイクなのに」と考える。まるで、世界で一番、ブサイクに見える角度を探すみたいなことを、やめられなかった。口元が、あごが、ほほが、こんなに気持ち悪い、こんなにブサイクだ、だからかわいいと言われて嬉しがるのなんてみっともないと、何度も唱えていると、でも、やっぱり悲しくて、本当は自分がかわいいと信じたくて、顔がゆがんだ。

はじめは「かわいい」と言われて単純にうれしかったのが、大学生になる前には、「モデルやアイドルみたいにかわいくなければ／なりたい」という途方もない執着にまで膨れあがっていた。そのころは、AKB48グループがとても人気で、そしてその人気ゆえに、インターネット上には整形疑惑やその検証画像もたくさん出回っていた。馬鹿正直なわたしはそのとき素直に「整形したら、わたしももしかしたら、こんなふうにかわいくなれるのかな」と思った。そう思うことで、自分だってまだ「モデルやアイドルみたいにかわいくない」ってわけじゃないんだって、言い聞かせたかった。

上京したてのときは少し期待していたけど、芸能関係のスカウトをされることもなかった。わたしはふつうなんだとがっかりしては、でもまた「かわいい」って言われたからもしかしたら……と期待して、鏡をのぞき込んでは床に叩きつけたくなるようなことを繰り返していた。自分がかわいいのかかわいくないのか、もうすっかりわからなくて、だれかに決めてほしくてたまらなかった。自分の姿を自分で見ることができない世界を恨んだ。

大学生になると、使えるお金の額が増えた。Twitterではダイエットや整形の様子を赤裸々につづった美容アカウントが台頭し、AKB48のアイドルを見ていた時よりも、もっとずっと、整形が身近な、現実的な選択肢として魅力的に映った。

自分の顔のどこを手術しようか、よく考えた。いろんなクリニックを見て料金を比べたり、経過をつづったブログを読んだり、施術動画を見たりした。ガラケーよりずっと高性能で高画質なスマホのカメラでまた何千枚も写真を撮って、右目の小さいこと、輪郭の肉が気に入らないこと、中顔面《ちゅうがんめん》が長いこと、首が短いことといった「よくない」ところを探しては、アイドルのあの子みたいに目を二重にして目頭を切開して……と想像した。

美容アカウントの女の子たちはみんな強くて、激しくて、ストイックで、すこし攻撃的だった。みんな整形やダイエットのビフォーアフターの画像を上げていて、そこに映る彼女たちは、とても目が大きく、鼻が小さく、ウエストが細かった。だから想像しているだけではだめだと思った。「かわいくなりたい」という、自分のこの異様な執着が、ほんとうなのだと、なんだかんだ自分のことをかわいいと思っているわけじゃないのだと証明して（誰に証明したいのだろう？）、そしてあのアイドルの女の子たちみたいになるためには、わたしは、整形をしなければならないと思った。もう何度目かの、鏡を割りたくなった夜のことだった。

カウンセリングの予約をいくつかした。でも行けなかった。半年ほどたって、今度は当日手術を予約した。病院から電話があったけど、なんだか怖くて出られなかった。また行けなかった。

実はうすうす気づいていたことがある。わたしは整形をしてもわたしが納得するような容姿を手に入れることはできないだろうということだ。わたしが最もしたかった手術は、「中顔面短縮手術」といって、目の下から唇までの中顔面を短くするものだ。面長《おもなが》が解消され、間延びしていた各パーツの配置バランスが良くなる。しかしこれは、骨を切ることが必要な手術で、二重まぶた埋没法のような、メスを使わず可逆性のある「プチ整形」とは比べ物にならないくらいに費用が掛かり、手術時間も長く、顔がパンパンに腫れる。わたしの顔はそんな手術をしないと、かわいくなれないのだ。何百万円もかかる顔。そう思うと気が遠くなった。二度目のカウンセリングのドタキャンの後、ほとほと自分の根性のなさに嫌気がさしながらも、皮膜式の二重コスメも試した。全然満足いかなかった。やっぱり自分で肉をいじるくらいじゃぜんぜん変わらない。いくら表面をいじっても、わたしはわたしがなりたい顔にはけしてなれない。

周囲がわたしに言った、数々の「かわいい」は何だったんだろう？　みんなが嘘をついていたのか。あるいはみんなの言う「かわいい」には、容姿が最も優れているなんて意味はなかったのかもしれない。色素の薄いあの子やアイドルのあの子のようにかわいいのではなく、わたしはわたしのようにただかわいいだけだったのかもしれない。

わたしの何がかわいいんだろう？　何百万円の負債であるはずの顔に化粧をしながら考える。できあがるとかわいくみえる。「かわいい」と言われる。街中のガラスに映る自分を見る。ヒールを履いているおかげでそこそこに見える。のに、なぜ。

わたしの何がかわいいんだろう？　わたしは学校でいちばんかわいくも、芸能人のようにかわいくもないみたいということが、だんだん、どんどん、剝がれるように明らかになるなかで、わたしは信じようと思った。わたしにかわいいと言ったひとのことばを、そして、そう言われて単純にただうれしいと思ったことを。あまりにも変えがたいこの身体を前にして、わたしはそれをほんとうにしようと思った。このままの顔でもうすこし生きて、自分なりのおしゃれをして、「わたしの何がかわいいんだろう？」という問いの答えを、確かめたい。そうして、周りにかわいいと言われだす前の、わたしだけのわたしの容姿を、いつか、取り戻してみたい。そのころには「かわいいね」と言われても、屈託なく「ありがとう！」と笑っているのだろうか。

整形しようか迷っている女
派手な化粧が好き。
有名Youtuber「会社員Aちゃん」
のメイク動画やアイテムを
参考にしている。
社会人コーデは雑誌
『and GIRL』で勉強中。
普段着は
REDYAZEL
Lily Brown
an another angelus
などが多め。
古着も好き。
お風呂上がりに
トリートメントをつけて
髪の毛をきちんと乾かすのが
重要な日課
Aちゃんの動画で知った
ホリカホリカ
「アイメタルグリッター」
ギラギララメをつけると
気持ちが強くなる！

大学4年生。就職に失敗した

瘦せたくてしかたがない女

名前：タンチョウヅルさん(24)　出身：山口県

好きな映画：舞妓はレディ　性格：思い込みが激しい

№13

瘦《や》せたいと思ったことは、ついこの間までなかった。

父方の遺伝子が太っている。父も、父方の祖母も、叔父も太っている。血を分けた兄も太っている。小さい頃からとにかく食べさせられて育ち、小学生の頃、祖父の財布から小銭を盗んで駄菓子屋でスーパーカップを買い、その上にペットシュガーを2本かけてから食べることが日課だった。

小学5年生のとき、血液検査で異常が出た。高《こう》脂《し》血《けつ》症《しょう》だった。着られる服が極端に少なかった。兄のおさがりや、ジャージばかり着ていた。普通に歩いているだけで股ずれができる。

通っていたスイミングスクールで裸になって着替えていたら、知らない子数人に通り過ぎざま「うわっ、デブ」と投げかけられた。それでも、どうにかしようとは思わなかった。

恋もしたことがなく、おしゃれにも興味がなかった。瘦せたいと思う理由がなかった。スイミングスクールからの帰り道、送迎バスの一番後ろの座席で、毎日板チョコレートを食べていた。それが一番幸せだった。痩せることよりも、ずっとずっと幸せだった。

中、高、大と、ずっとその調子だった。「痩せていた方がいい」と思うことがなかった。なぜみんなそんなに美しくなりたいのだろうと思っていた。年頃になるにつれ、人並みにおしゃれをすることや、化粧をすることも、それなりに好きになった。それだけで進歩だと思っていた。ただ、「かわいい」を感じさせるものは嫌いだった。キラキラしたアクセサリーや、ふわふわした洋服のことは、「自分には似合わないだろう」と思っていた。

そして、大学4年生。就職に失敗した。

とにかく来月まで食いつながねばならない。派遣のアルバイトから帰ってきて、どろどろになった脳みそで、スナックとラウンジとキャバクラの面接のアポを取った。とにかくお金を稼がないと生きていけないと、初めて感じた。

スナックの面接に行くと、人の好《よ》さそうなおじさんが出迎えてくれた。私はとりあえず就職活動をするための資金を貯めたい、とおじさんに話し、今までしたことのある接客業のアルバイトについて話した。

うーん、と唸《うな》ったあと、「じゃあ、とりあえず一度働いてみようか」とおじさんが言った。当日制服を貸すからね、と言われ、その日は帰った。ホッとした。きっとここで働けるだろう、と思った。働かせる気がない人間を、お試しでも店に入れるわけがないだろうと思ったから。体験入店で粗相《そそう》さえしなければ、問題なく働けるはずだと思った。

いざ働き始めようという日。私は派遣のアルバイトからの帰り道、その足でお店に向かった。まだシンとしている店内で、あのおじさんが出迎えてくれた。2階に案内され、これが制服だよ、着てきてね、と、更衣室に通された。

制服はワイシャツに蝶ネクタイ、ベスト、タイトスカート。形容しがたいが、バーテンダーというか、ウエイター風の制服だった。私はとりあえず糊《のり》のきいたワイシャツに手を通して、ボタンを留《と》める。一番下、その次……。上から2番目のボタンを留めたあと、一番上の、首元のボタンが留まらないことに気づいた。

まぁいいや、と、一番上のボタンをはずしたまま、蝶ネクタイを付けようと首に回した。蝶ネクタイのホックが後ろで留まらない。タイに対して首回りが太すぎる。

ベストを羽織る。身体の線を見せることを想定してできているそれは、胸の下のボタンが留まらない。

タイトスカートは、足首を通した時点で、絶対に、膝までしか上がらないことがはっきりとわかった。

私は上半身に中途半端に制服をまとい、ストッキングがまとわりついた下半身をむき出しにしたまま、足元のスカートを見ていた。外からおじさんが「着られた?」とノックしてくる。

目の前にあった鏡を見る。生まれて初めて、自分の体を見た気がした。醜いなぁ、としみじみ思った。「肉塊」という言葉が頭に浮かんで、消えて、また浮かんだ。

下は自分のスカートを履いたまま、更衣室の外に出た。

「あの、これボタンが留まらなくて」

「えっ、ちょっと待ってね」

おじさんは持ってきた段ボールをごそごそと漁った。

ごめんね、それが一番大きいサイズだよ、と言われたとき、私は蝶ネクタイを外しながら、自分が泣いていることに気づいた。続いておじさんも気づいた。ごめんなさい、と言った。謝りながら泣いた。誰に謝っているのかわからなかった。心から恥ずかしかった。死にたいと思った。消えたいと思った。自分が醜くて無様でたまらなかった。

ここで働いてお金を稼ぐ価値が、自分にないと感じた。太っていても美しい人はいるし、体形や容姿で人のことを判断するのはバカバカしいと思う。思うけれど、自分が醜いこととは全く別の問題だった。私は太っていて、醜くて、ここでは働くことができない。ただそれだけだった。

スイミングスクールの送迎バスで食べた板チョコレートを思い出した。あれは甘かった。おいしかった。私はずっとあの席に座って、砂糖と脂肪にまみれたまま、あの町から出なければよかった。そうしたら、自分が醜いことにも気づかずにいられた。

私は立ったまま、すみませんと言いながら泣き続けた。なかなか涙の止まらない私を、おじさんは「僕が悪かったんだよ」と慰めた。「最初から断らなかった僕が悪い」「君は何も悪くない」と言った。きっと、私が面接に来たとき「すごいデブが来たなぁ」と思ったんだろう。私があまりにも未来への希望をアホみたいに語るので、おじさんは断れなくなったのかもしれない。いい人だから。

「これで美味しいものでも食べてね」と、おじさんは私に茶封筒を渡した。「今日の分のお給料だよ」と言われた。私は断ったけれど、おじさんは「持って帰ってくれないと困る」と言った。

「頑張りなさいね、絶対にいい就職先が見つかるからね。せっかく田舎から出てきたんだから、頑張りなさいね」。おじさんはそう言って、着られなかった制服はそこに置いていいから、着替えて帰りなさいと言って出ていってくれた。私はまだ泣いていた。茶封筒を鞄にしまって、ベストを脱ぎ、ワイシャツを脱いで、自分が着ていた服を着た。そそくさと2階から降りる。一目散に出入り口へ向かうと、そこには、さぁ今からひと仕事だという様子の女の子たちが、7、8人ほど立っていた。

ピンク色のワンピース。ツイードのセットアップ。ふわふわシフォンのブラウス。私が着られなかった制服。パールとビジューの髪飾り。ジルスチュアートのバッグ。ケイトスペードの腕時計。シャンパンゴールドのｉＰｈｏｎｅ。

彼女たちが身に付けていたもののすべてを、私は今も鮮明に覚えている。私が着られない服。私が「こんなもの私には似合わない」と持てなかったもの。キラキラ、ふわふわ。私はその時初めて、自分が「嫌い」だと思い込んでいたものが、実はそうではなかったのかもしれないと気づいた。嫌いだと思い込んで自己防衛していただけだった。彼女たちとすれ違った一瞬で、私の脳みそに火がついて、めらめらと燃え始めてしまったように感じた。

私が通り過ぎると、彼女たちは頭上にハテナマークを浮かべながらも「おはようございます」と私に言った。私は何も言わずに会釈だけして、ドアノブを摑んで外に出た。そのまま駅までそそくさと歩いた。

家に帰るまでずっと泣いていた。封筒の中には、4000円が入っていた。それを何のお金に当てたかは覚えていない。けれど、私は後日予定していたラウンジとキャバクラの面接をすっぽかした。

結局お金はどうにもならなかった。私は自分の魅力でお金を稼ぐ、その場に立てなかった。「着たい服が着れなかった」ことより、「知らない子にデブと投げかけられた」ことより、「10歳で高脂血症になった」ことより、ずっとずっとショックだった。

そのあとすぐ田舎の家族や知人の協力で、なんとか地元に働き口を見つけた。自分が醜いと分かって、自己肯定の魔法が解《と》けてしまってから、猛然とダイエットを始めた。

毎日体重計に乗り、裸で鏡の前に立ち、気になるところを見つけた。明確な数字で自分を管理、記録するため、アプリを使って体重の増減をグラフにし、運動の量も記録した。「1日1万歩歩かないと家に帰れない」というマイルールを作り、意識的に体を動かした。

　食事を見なおすため、自分の空腹感と対話しまくった。気づいたことは、いかに漫然と食事をしていたかということ。「食事の時になったから食べる」「みんなが食べているから食べる」というように、なんとなく食べるのをやめた。空腹でなければ食べないし、健康に生きるために不必要な食事は摂《と》らない。家族と食卓を囲むとどうしても勢いよく食べてしまうので、ひとりだけ食事の時間をずらす工夫もした。

　とにかく「意識すること」がすべてだった。自分がどういう体形なのか意識する。自分がどうなりたいのか意識する。自分の食事や運動量に意識的になる。それによって、自分が無意識のうちにしていたことで、今までどれだけ贅肉を蓄えていたのか身に染みてわかった。

　結果、1年間で10キロ痩せた。健康診断で「標準体重」と診断されたのは、人生で初めてだった。人並みに服を選ぶこともできるようになったし、化粧も前より上達したと思う。きれいになったね、と言われることもある。純粋に嬉しい。以前着ていた服も、下着も、靴さえも、すべてサイズが合わなくなって捨てた。自分は脱皮したんだと思うと笑えてくる。

　痩せてから、あの時、スナックですれ違った女の子たちが着ていたような服ばかりを着てしまうし、化粧も似せてしまう。スナックで彼女たちとすれ違ったとき強烈に感じた「私は本当はこういう風になりたかったんだ」という気持ちが、まだ胸の中で燃えている。

　痩せた自分を、自分自身で認めてあげたいと思う。食事を減らし、運動をして、自分とは違う世界のものだと思っていた「キラキラ」や「ふわふわ」を、やっと自分に許せるようになった。あの女の子たちもそうなのかもしれない。「キラキラ」「ふわふわ」が好きで、それを身に付けるために努力しているのかもしれない。

自分が美しいと思うものに、自分が表現したい何かに、自分を寄せていく。自分自身がなりたい自分、許したい自分に、少しずつ近づいていく努力が、美意識なのだと思う。

あの日、スイミングスクールで私にデブと言った女の子たちは、みんな選手育成コースの生徒たちで、長くて細い手足を持っていた。私が高校1年生のときはじめて好きになった男の子は、別の学校の制服を着た、顔のちいさいポニーテールの女の子を自転車の後ろに乗せていた。

あのとき「私はこうなれない」と諦めて、線を引いたもののすべて。私がそれになりたかったのであれば、それに近づいていく努力をすればよかったのだ。ただそれだけだったのだ。大人になった私は、太っていた私が諦めて、何もせず、抵抗せず、叶わないと見ないふりをしたものを、本当は諦めずに済んだかもしれないと気づいた。

痩せている、太っているで人を判断しないと言う人も、そんなことに振り回されるのはバカバカしいという人も、結局みんな体を使って自己表現をしている。身にまとうもの、言動、体そのもので、私はこういう人間ですと発信している。私が発信したい私は、どんな私だろう。「私なんて」と思いそうになったとき、いつもそう考えている。

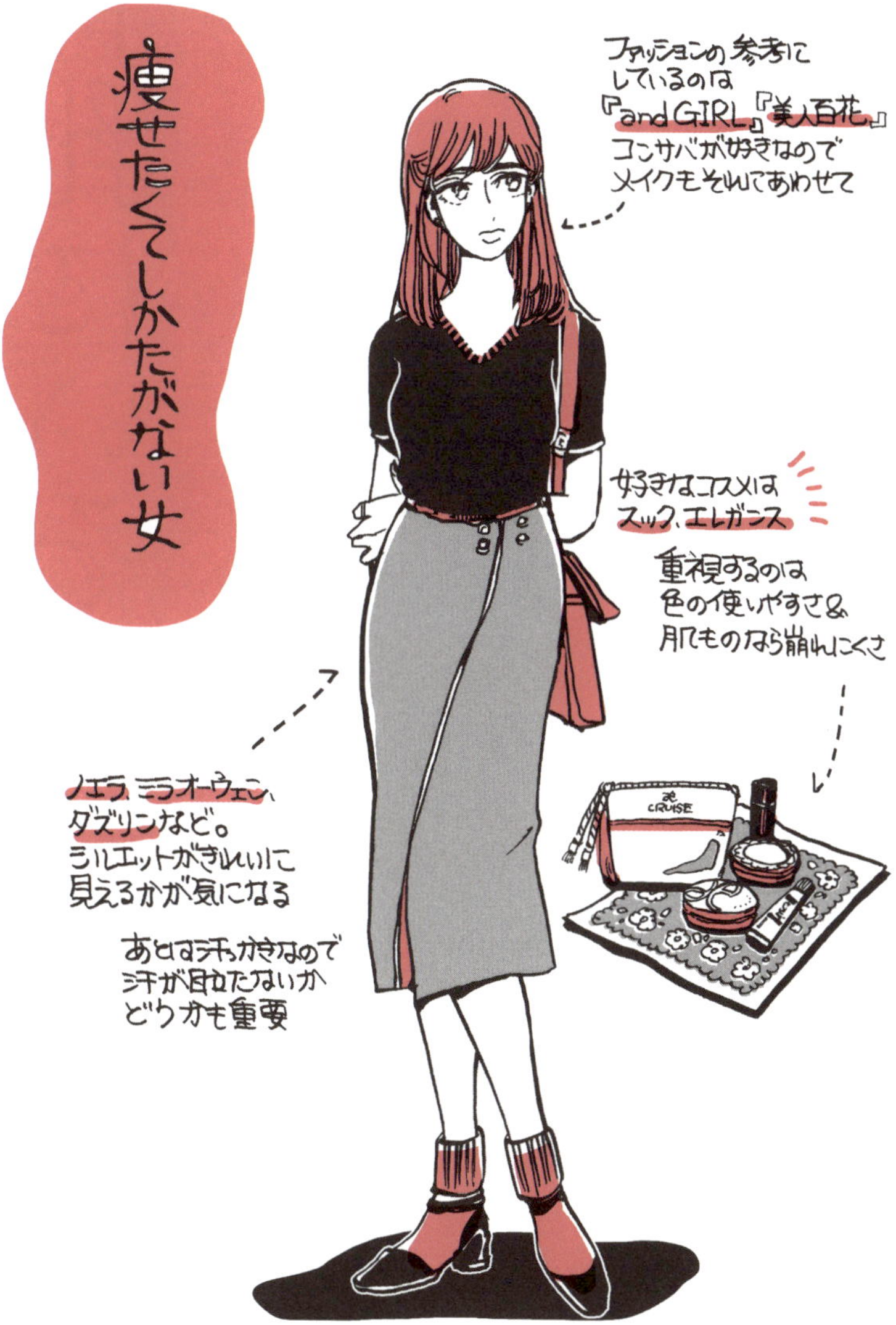
痩せたくてしかたがない女
ファッションの参考にしているのは『and GIRL』『美人百花』コンサバが好きなのでメイクもそれにあわせて
好きなコスメはスック、エレガンス
重視するのは色の使いやすさ&肌ものなら崩れにくさ
CRUISE
ノエラ、ミラオーウェン、ダズリンなど。シルエットがきれいに見えるかが気になる
あとは汗っかきなので汗が目立たないかどうかも重要

え！！！！！！　磯山さやかじゃん！

育乳にいそしむ女

名前：マルチーズさん（29）　出身：福岡県
好きな映画：デジモンアドベンチャー　ぼくらのウォーゲーム！
性格：熱しやすく冷めやすい

№14

部屋の模様替えをきっかけに、玄関に置いてあった全身鏡が脱衣所の目の前にやってきた。そこで服を脱ぐと必然的に自分の裸が目に入るので、最初はちょっと恥ずかしかったのだが、毎日お風呂に入るたびに裸と向き合っていると、恥ずかしいなどと言っている場合じゃないことに気付いた。

——私の胸の形、おかしくね？

そもそも小学生の頃から、女性の身体に関しては並々ならぬこだわりがあった。実家の床屋で『週刊少年マガジン』を定期購読しており、そこに載っている水着グラビアを毎週読んでいるうちに、女体の美しさに目覚めたのだ。

どのグラビアの女性たちの胸も、大きさの差こそあれど、形はみな一様にキレイで、幼かった私は「きっと大人になる頃には、私もこんなスタイルになっているに違いない……」と期待に胸を膨らませていた（比喩）。

しかし、いざ大人になってみても、思ったように胸は膨らまなかった（直喩）。

というか、あるにはあるのだけど、グラビアアイドルの胸のようにキレイな形じゃないのだ。下着売り場に行って採寸したらDカップと言われ、ブラジャーの中に肉を押し込むと確かにいい感じに谷間もできるのだが、外した途端にでろーんと横に広がって「いやいやいや、おかしくね？」という見た目になる。小学生の頃、「たれぱんだ」というキャラクターが爆発的に流行っていたのだが、あんな感じだと思ってもらえると分かりやすいかもしれない。

それでも、若い頃はまだ肌にハリもあったし、今より痩せていて、胸の形を差し引いても自分の中でなんとか許せる裸ではあった。が、28歳になって改めて見た我が裸体は、ハリもツヤもいつの間にかなくなっていて、お腹もだらしなく出て、お尻も下がっていて……一言で言うと、とてつもなく醜かった。

もうすぐ誕生日。そしたら29歳になる。30歳までのカウントダウンが始まってしまう。年を取ることは嫌じゃないけれど、この醜い身体のままで30歳を迎える自分を想像したらゾッとした。何としてでも、この1年で肉体改造しなければ!!

でも、一日14時間くらい働いている私には、ジムに通ったりジョギングを始めるのはハードルが高かった。もっと手軽に、お金をかけるだけですぐに成果が出ること……そう考えたときに、頭に浮かんだのが「矯正下着」だった。

「矯正下着」とは、着けるとそれだけでマッサージ効果が得られたり痩身効果が得られたりするような下着のこと。ガードルや、コルセットもそのうちの一つ。胸の形を整える矯正ブラジャーも、複数メーカーから販売されている。私はその中でも、「ブラデリスニューヨーク」というメーカーのものを使用することに決めた。

「ブラデリスニューヨーク」、通称「ブラデリス」は、日本全国に店舗があるオシャ矯正下着ショップである。矯正下着というと、どうしても実用性重視で見た目がダサくなりがちだが、ブラデリスのものはどれもレーシーでビビッドで可愛い。公式サイトを見ているだけでもテンションが上がってくる。さっそくフィッティングの予約をして、表参道店に行ってみることにした。

いざ、フィッティングの日。店舗に入ると、ピタッとした服を着た胸の形のきれいな店員さんたちが出迎えてくれる。説得力のある見た目だ。

「まずは今のサイズを測ってみましょうか」

さっそく、フィッテングスペースに案内された。ちなみに私はこの日、数年前に買ったCカップのブラを着けていた。元々Dカップだったはずなのだが、最近Dのブラだと大きすぎて浮くのだ。でも、それを見るなり、店員さんに「全然合ってませんよ、これ！」と言われてしまった。

店員さんの持ってきたブラを着けてもらう。すると、未だかつてないほどキレイな胸の形になっているではないか。これは何カップなんですか？

「Eカップですね」E！！！！　まじか！！！！　グラビアアイドルじゃん！！！！

……ちなみに、私が最も憧れている体型は、10年位前の磯山さやかさん。今も可愛くて大好きなのだが、20代半ばの磯っちは本当に神がかっていた。で、磯っちは公称Fカップ。Eということは、私もその一歩手前まで来ているということになる。

しかし、私の胸は磯っちの胸には程遠い。どうしてカップ数はあるのに、そう見えないんだろう。

「マルチーズさんは長年合ってないブラを着けていたせいで、本来胸にあるはずの脂肪が、背中、わきの下、お腹に流れているんですね。それらを全部かき集めればEカップになるのですが、今胸にある脂肪だけを見ると確かにCカップくらいなんです。なので、矯正下着でお肉を本来ある位置に戻してあげましょう」

な、なるほど……。でも戻すって言っても、ブラを着けている間はそこに収まってるだろうけど、外すと流れていってしまいません？

「それをせき止めるために大事なのが、バージスラインです」

バージスライン。初めて聞く単語だ。

「バージスラインとは、下乳から腋《わき》の下まで続くラインのことです。胸の形がキレイな人はこのラインがしっかりあって、これがあると胸の脂肪が他に流れていかないんです」

私は、幼少期に見た『週刊ポスト』のヌードグラビアのことを思い出していた。確かに、胸の形がキレイな人は、大きさに関わらずちゃんとそのラインがある。そして、私にはまったくない。

その後も、店員さんはブラの正しい装着方法からきれいな洗い方・干し方までしっかり指導してくださり、私は無事に3枚のブラジャーを手に帰路についたのだった。

さて、それから2カ月後。毎日真面目に矯正ブラを着け続けていた私の胸はというと……本当に、形が変わってきた！　バージスラインができてきたのである。最初は、ちょっと身体を動かすと弛《ゆる》みまくった脂肪がすぐにブラから流れ出てしまい、トイレに行くたびに収納し直す必要があった。しかし、1週間を過ぎたあたりから、ブラを外した時も脂肪が動かず、その場に留《とど》まり続けていることが一目で分かるようになった。すごい！

身体の形が変わっていくことに楽しさを覚えた私は、もっと全身を引き締めたい!!　磯山さやかにもなりたいけどTWICEのモモにもなりたい！！！！と思い、ジムに入会したのだ。

毎日の矯正下着と、週2回のジム。運動が嫌いだった2カ月前の自分と比べると、別人みたいだ。

そして、更に1カ月が経ち、私は29歳になった。

2回目のフィッティングの日がやってきた。お店で、「良い感じにバージスラインができてきた気がするので、Step2に移行したいっす！」と鼻息荒く伝える私を、お姉さんはにこやかに「では前回同様フィッティングを」と受け流す。

前回買ったブラを見て「手入れが雑」と叱りつつも、「胸の形はキレイになってきましたね」と店員さん。そして、「もう1サイズ上げても大丈夫な気がするので、Ｓｔｅｐ2のFカップのものを試着してみましょう」と言われた。

ええええええ、F！！！！！！！！　磯山さやかじゃん！！！！！！

憧れの磯っちと同カップ。私の場合はあくまで、矯正下着を着けて至る所から肉をかき集めた上でのサイズではあるのだが。でも、昔から憧れていた人との共通点が一つでもできて、うれしい。しかも数カ月前まではコンプレックスだった、胸で。

ブラデリスのブラジャーは、同じＳｔｅｐの中でも何種類かの形がある。カップ（胸を覆う布の部分）やサイドの布の面積が違うのだ。いろいろ試着してみた結果、私の次の課題は腋の下～背中の肉を胸に持ってくることだと分かり、腋肉をがっつりホールドするためにサイドの布の面積が広いものを試着することにした。

前回同様、手際よく脂肪をブラジャーの中に押し込んでいくお姉さん。

「……うん、やっぱりFでピッタリですね。きれいに収まっています」

そう言われて、試着室の全身鏡で見た自分の身体は、数カ月前に見た締まりのない身体とは変わっていた。……いや、他人が見たらほんのわずかな変化かもしれないけれど、私には全然違って見えた。頬を緩めて自分の身体に見入っていると、鏡越しに店員さんと目が合って、微笑まれた。

時間やお金をかけた分だけ、自分の身体が変わっていくのは楽しい。

ブラデリスも、ジムも、大学生の頃は高すぎて手が出せなかった存在だし、働いていて良かったなぁと思う。まだまだどちらも始めたばかりだけど、30歳になる頃、私の身体はどうなっているんだろう。納得いく身体になっていたいな。毎日全身鏡の前で服を脱ぐ瞬間が、今はとても楽しみだ。

育乳にいそしむ女
一重なのでアイラインは濃く&太めにガッツリ入れる
内勤の日は下地のみでファンデはつけない。アイシャドーも単色（たまに眉毛も描き忘れる…）
雑誌『S Cawaii!』モデルの吉木千沙都のようなクール系のメイクが好み。
意識が高くなったので現在は週2でパーソナルジムに通い、美容レーザーも月1回。けっこう痛い
M・A・Cはカラーの種類が豊富で簡単に派手な顔になれる。ポーチにはいつもストロボクリーム（ピンクライト）。
MAC
STROBE CREAM

自分が好きで何がいけないのだろう？

ドバイで奮闘する女

名前：ツキノワグマさん(30)　出身：愛知県
好きな映画：マトリックス　性格：好き嫌いが激しい

№15

ドバイ、と聞いて何を思い浮かべるだろうか。『セックス・アンド・ザ・シティ2』をはじめ、映画や小説で度々登場するカンドゥーラを身に纏《まと》ったリッチなアラビア男性、アニメ映画『アラジン』で描かれていたエキゾチックな街並み、トム・クルーズが『ミッション：インポッシブル』シリーズで外壁をのぼったブルジュ・ハリファ……。

ドバイは貿易や石油で財を成し、今では世界有数の観光大国としても栄えているアラブ首長国連邦の主要都市である。世界一の高さを誇るブルジュ・ハリファを始め、近未来的なデザインのビル群が立ち並んでいるのに、そのすぐ横には何百年も前から形が変わっていないような昔ながらの市場や砂漠が広がっている。その新旧の交わりによって、ＳＦ映画のように現実感のない不思議な空間が作り出されているのだ。

さて、なぜ急にドバイの話をしだしたかというと、私が1年間ドバイの美容サロンで働いていたためだ。元々日本で美術の講師をしていた私は、「20代のうちにどこか海外で絵の留学でもできたらいいのに」とふんわり考えていた。特にそのための努力をしていたわけでもなかったのだが、アラサーに差し掛かり、「このままだと何も叶わないぞ！」と危機感を募らせていたタイミングで、思いがけず知人から「ドバイの美容サロンで働く人を探しているんだけど」と声をかけられたのだ。

「どこか海外に行きたい」と考えていたときの「どこか」とは、ファインアートが盛んなヨーロッパやアメリカを指していたし、ましてや美容サロンというのも、私にとっては未知の領域だった。ファッションやメイクは好きだが、エステやネイルサロンというものは生まれつき美しい、選ばれた人が行く場所であって、自分には縁がないと考えていた。だからこそ、この機会を逃したら、一生見ることのできない世界かもしれない。人生とは何事も経験だ。後先のことは何も考えず、気づいた時にはドバイ行きの飛行機に乗っていた。

異国の地で働き始めて驚いたのは、女性たちの美しさについての考え方だ。

正直な話、現地に行くまでは、中東で暮らす女性がお洒落や美容に対して敏感である、というイメージは全くといっていいほどなかった。語弊がある書き方になってしまうが、彼女たちの多くはイスラム教徒だ。ドバイに住む女性たちも、独身を誓い神に仕える身というわけではなくとも、イスラムの戒律に従い、人前に出るときには、アバヤ（足元まであるロングコートのような羽織もの）やシェーラ（髪を隠すスカーフのようなもの）を身に纏っている。そのイメージゆえに私は、「宗教の戒律に従う」＝「質素でなくてはならない」だと誤解していた。

しかし実際にサロンで働くと……その先入観や偏見は覆った。アバヤやシェーラの着用義務は、あくまで公共の場での話。男子禁制の女の園でそれらを脱いだ彼女たちは、ハリウッドセレブもびっくりでは？と思うほどセクシーなドレスを纏った「ファビュラス」という単語が相応しい女性に大変身を果たすのだ。もちろんみんながみんな毎日ドレスを着ているわけでなく「どうせアバヤで隠れるし」という理由でジーンズやTシャツを着ている女性もたくさんいる。しかしみな、質素や地味といった言葉とは無縁であった。そもそもアバヤやシェーラだって、カラフルなもの、柄が入ったもの、刺繍を施《ほどこ》してあるもの……と、間近で見ると多種多様なデザインで溢れているのだ。

メイクへのこだわりも強い。くっきりした目鼻立ちの彫りの深い顔をさらに強調して、しっかりとハイライトとシャドウを塗り込み、太いアイラインで目をしっかりと囲み、元々長さのある地まつげにさらにつけまつげを重ねている。街中に多数あるショッピングモール内には必ずといっていいほど、有名コスメチェーンのSEPHORAが入っており、さらに、日本のデパートのようなブランド別のカウンターも併設されている。どちらもいつもローカル女性で盛況だ。

さて、サロンでの施術の話に移ろう。ドバイの女性たちはファッションやメイクだけではなく、さまざまな美容法にも積極的である。

私の働いていたサロンは、ネイルを中心にヘアー、脱毛、フェイシャル、アイラッシュを取り扱っていた。日本ではここまでの複合型はあまり耳にしないが、あちらでは一般的であるようだ。一部ではあるが、ドバイローカル女性に人気の美容法を紹介させていただこう。

◆フェイシャル……マッサージやトリートメントパックもおこなっていたが、勤めていたサロンの一番人気は、眉毛と鼻の下の産毛の脱毛。日本でもメジャーな手入れ場所であるが、ドバイで特徴的なのは「スレッディング」という糸を使った脱毛法。糸の端を手で持ち、もう一つの端を口で咥え、交差させた糸の部分を皮膚にあて毛を抜いていく。かなりの職人技である。抜いているときはブチブチと音がするが、実際は思ったほど痛くないし、施術自体も2か所合わせても10分ほどである。個人的にはこの産毛処理はカミソリよりも断然肌に優しいし仕上がりもいいのでおすすめ。

◆ボディの脱毛……レーザーによる永久脱毛がメジャーになっている日本と違い、まだまだワックスでの一時脱毛が主流。ちなみにイスラム教は、戒律として体の毛をすべて剃らねばならないことになっているらしい。そう、こちらの女性はみなパイパンなのだ。私も元々VIO脱毛に興味があったので、職場のサロンでブラジリアンワックスを試したのだが、本当に全部つるつるに抜かれてしまうので、施術中に思わず笑ってしまった。しかし股の毛がないという解放感は正直最高で、日本に帰国したときは絶対にレーザー脱毛しようと決意したほどである。

◆ヘアー……シェーラで隠れているので想像しにくい部分だが、こちらの女性はみんなものすごく髪の毛の量が多い。髪の毛は長ければ長いほど美人とされているので、ほとんどのローカル女性は毎回毛先を揃える程度で、ばっさりカットしてスタイルを変えることはない。その反面、ヘアカラーが好きな女子は多く、青や紫、ピンクといった少々奇抜なカラーの人気が強い。これは普段公共の場で髪の毛を見せないからこそできるおしゃれなのかもしれない。

◆ネイル……日本のネイルサロンでは現在ほぼジェルネイルが主流であるが、こちらは依然ノーマルポリッシュ派が多い。戒律で、生理中は身体に装飾を施してはいけないことになっているため、長期間保つのが売りであるジェルネイルは不向きなのだ。そのため2週間ほどの間隔で、生理を避けてネイルをするケースが多い。予約なしでふらっときては、「ちょっと色変えてくれてくれない？」といった感じだ。カラーはアバヤの黒や肌の色に映えるせいか白が一番人気で、その次に深紅のような女性らしさを際立たせる色が好まれていた。

さらにおもしろかったのが、ネイルアートだ。定番リクエストは、なんと「似顔絵」。自分の夫の顔、子どもの似顔絵を描いてほしいと言われるだけなら ともかく、なんと彼女たち自身の似顔絵を描いてほしいと言う人が多かった。彼女たちはフルメイクをし、さらにアプリで加工した渾身のセルフィーを撮影して、この顔の私を爪に描いてほしいと依頼しにくるのだ。当時は内心「いくら綺麗だからって自分を好きすぎるだろう」と半分呆れていた。

でも、自分が好きで何がいけないのだろう?

日本では謙遜《けんそん》が美徳、という考えからか自分の美しさに自信を持つことにネガティブなイメージを持たれることが多い。どんな美人だって、私なんてそんなに美しいわけではないですよ、という体裁を取り繕っていないといけない。そんなやりとりを生まれてから何百回とすることで、知らず知らずのうちにその小さな自己否定は蓄積され、私たちの自己肯定感を蝕《むしば》んでしまっている。抑圧されているのは彼女たちではなく、むしろ私たちの方なのかもしれない。

自己肯定は最大の美容液。ドバイの女性たちを見ていると、そんな言葉がぴったりくる。なんだか薄っぺらい自己啓発本の文言のようだが、ドバイにいるうちに、本当にそう感じたのだ。世の中の人間がみんな、元々美しかったり美容にお金を費やせたりするわけでもない。でも、自分を好きになることは誰だってできる。別に根拠がなくなって、大したことをしていなくたって、自分を好きになっていいのだ。あなたが今、「綺麗になりたいけど、美容もエステも敷居が高い……」と感じているのなら、まずは「今の自分は最高!」と自分を褒めることから始めてみてはいかがだろうか。

日本で慌ただしく過ごす日々の中で、今でもふと彼女たちを思い出す。7787㎞離れた、はるか遠くの地に暮らすドバイの女たちは、いつもすぐ側で私たちのおしゃれを勇気づけてくれるのだ。

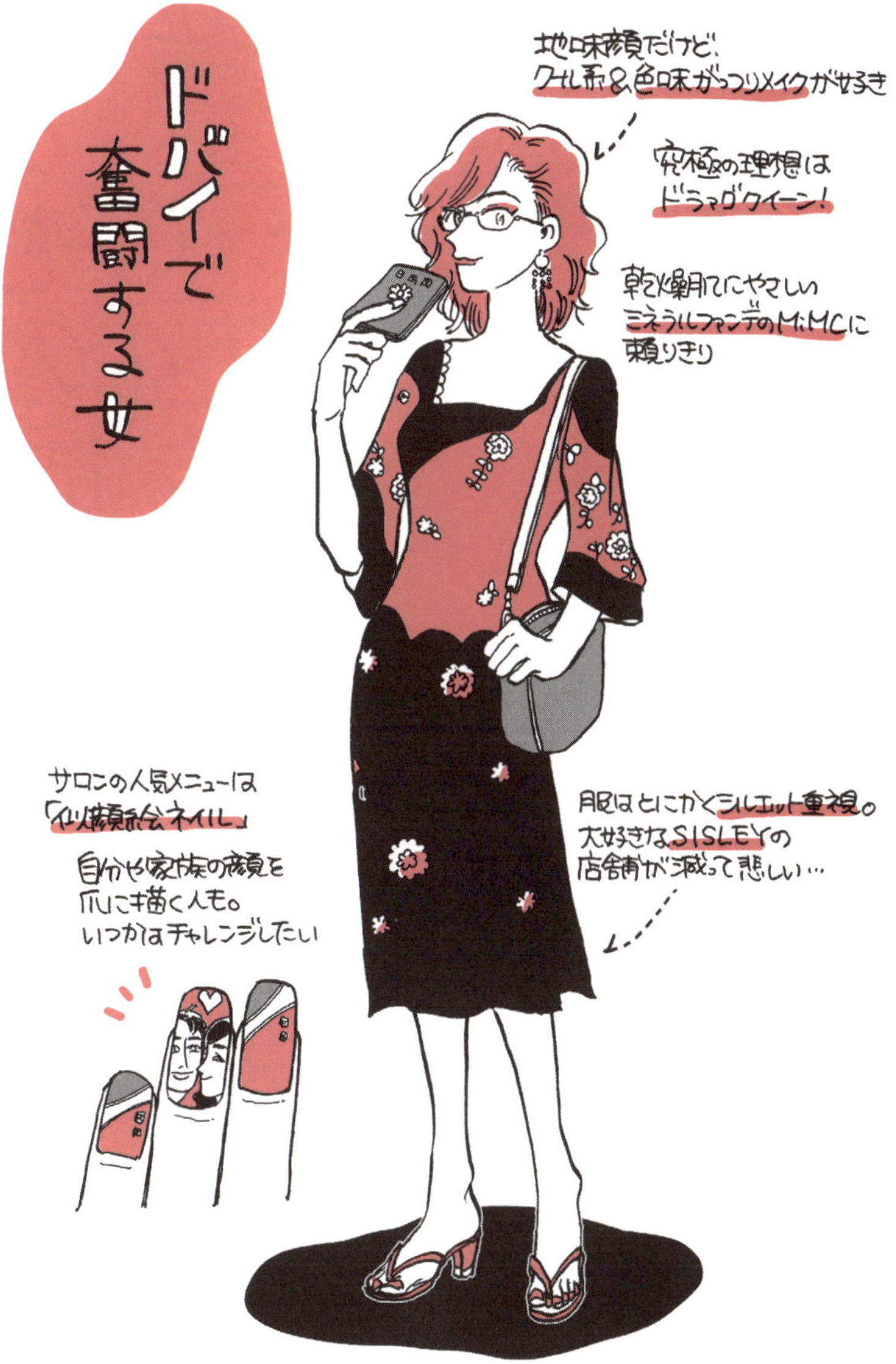
ドバイで奮闘する女
地味顔だけど、クール系&色味がっつりメイクが好き
究極の理想はドラァグクイーン！
乾燥肌にやさしいミネラルファンデのMiMCに頼りきり
サロンの人気メニューは「似顔絵ネイル」
自分や家族の顔を爪に描く人も。いつかはチャレンジしたい
服はとにかくシルエット重視。大好きなSISLEYの店舗が減って悲しい…

子どもの頃にあこがれていた強くて図々しい、自由な女へ

Mesuneco Company Discussion

この本をまとめた劇団雌猫の4人が登場。本書の内容や読者アンケート（92ページ〜）を振り返りつつ、「美意識」について語り合いました。それぞれのお気に入りアイテムも紹介!!

本書のもとになった
劇団雌猫の同人誌『悪友DX 美意識』

意外と知らない、友達の〝美意識〟

ひらりさ　「インターネットで言えない話」を軸に同人誌『悪友ＤＸ　美意識』を制作し、それを書籍にしたわけだけど、「美意識」に関してはリアルの生活でも語り合う機会が少ないかもしれません。みんなは自分の

「美意識」について周囲と話したりする？

かん　あんまり話さないなあ。具体的に「このコスメいいよ」と情報交換することはあるけど、この本のテーマのように「何のためにおしゃれするか」みたいな精神性の部分はなかなか……。

もぐもぐ　そうだね。あらためて言葉にされるとそれぞれだなと思っておもしろかった。だからこそ、同人誌の反響も大きかったんだろうと思うよ。劇団雌猫どうしでも、あんまり話すことないよね。

ユッケ　確かに言いづらいところはあるよね。私はファッション誌読むのも服やコスメ買うのも好き、だけど髪の毛や体型とか頑張って維持しないと効果が出ない部分を頑張るのが苦手……。なので「痩せたくてしかたない女」、本当にえらいと思った。

ひらりさ　私は美意識が小学1年生レベルなので、どの寄稿の女にも尊敬の念がわいている……！　かんは、ふだんTwitter見てても、服やコスメを買ってる印象ある。常におしゃれ頑張るタイプかな？

もぐもぐ　デパートでいろいろ衝動買いしてるよね（笑）。でも会社行くときは意外とすっぴんのイメージある。

かん　私はゴシップ誌を読むのが好きなんだけど、そこに載ってるオフモードの芸能人って大体すっぴんなんだよね。それを見て、自分もそんなに頑張る必要ないなと思って、わりとすっぴんで過ごしてる。

ユッケ　会社＝オフ……？

かん　そう捉《とら》えていることになる……（笑）。この本の中だと「会社では擬態する女」に近いのかな。私にとっての「オン」は、観劇に行ったり友達と遊ぶ時なんだよね。おしゃれしてる日数としてはかなり少ない！

もぐもぐ　私は一時期いろいろ試してたけど、最近はよくも悪くもあんまり冒険してない。おまかせできる美容師さんに出会って、自分の肌に合うファンデを見つけて、髪と肌の定番が決まってから満足してガッツがなくなっちゃった。

ひらりさ　でも、定番が見つかってるのはうらやましいな。アンケートでも、「おしゃれが好き」と答えてくれた人は8割もいるんだけど、「自分の外見に満足してない」人も同じくらいいる。

ユッケ 自分の定番、未だにわかんない。

ひらりさ パーソナルカラー診断とかメイクレッスンを通じて、似合うものの「ものさし」ができると、定番も探りやすくなるようだけどね。私も、パーソナルカラー診断と、資生堂のパーソナルメイクレッスンを受けたのを機に、すごくおしゃれにコミットできるようになった。

かん アンケートでもかなりの人が診断経験を書いてくれていたね。資生堂のメイクレッスンっていうのはどういうものなの？

ひらりさ 銀座にあるSHISEIDO THE STOREで受けられるもので、私が受けたのは「ゴールデンバランスメイクアップレッスン」ってやつ。なんと専門機器で、顔の各パーツの縦横比などをはかってくれて、それが「美人に見える比率」に近づくようなメイクテクニックをアドバイスしてくれます。

もぐもぐ すごい～。プロから客観的に意見をもらうと、逆に自分でやるときに主体的になれたりするよね。

ひらりさ その前年に失恋して自己肯定感がどん底になってたんだけど、思い切って行ってみたら、ビューティー

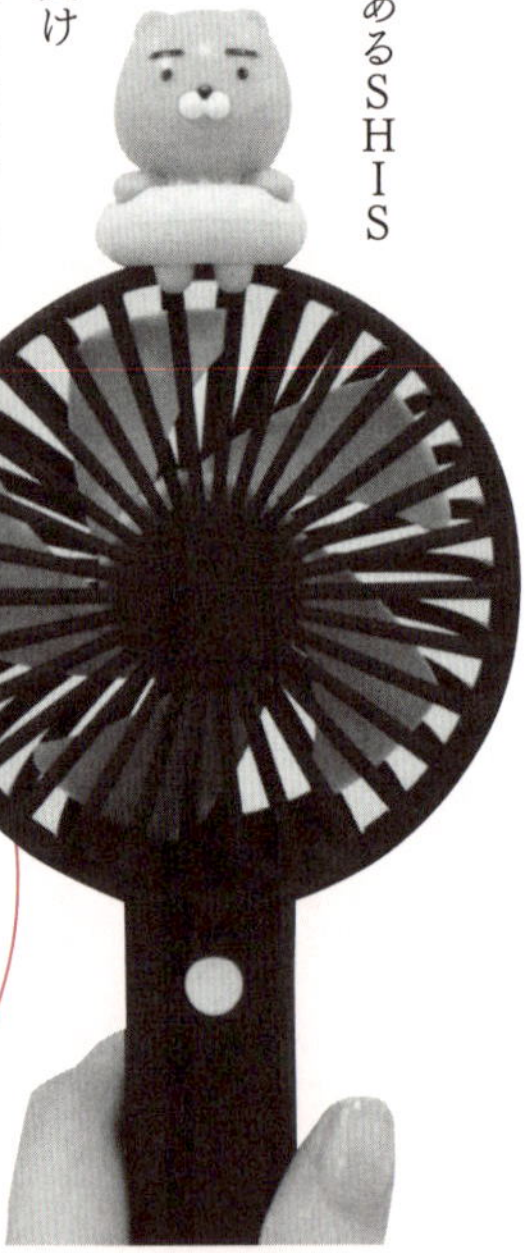

韓国で買ったカカオトークのハンディファン。どんなに激しいライブでも炎天下の物販でもこれを顔に当て続ければメイクが崩れない優れもの。（かん）

カウンセラーさんに「顔のパーツ、かなり黄金比に近いですよ！」と言われて。それまで自分の良いところが全くわからなかったんだけど、なけなしの自己肯定感が芽生えて再スタートできた。

かん　よかったね〜！

もぐもぐ　メイクレッスンってそれなりにお金も勇気も必要だと思うんだけど、ハードル高くなかった？

ひらりさ　そのときは他にお金やエネルギーをかけたいことがなかったの。オタクコンテンツ……たとえばBLにも恋愛の要素がたくさん含まれてるから触れたくなくて、その分のパワーを自分に向けられたのかも。

好きなものと似合うもの、どっちが大事？

ひらりさ　アンケートでは「おしゃれのために心がけているルールはありますか？」という質問もさせていただきました。肉体的なものと精神的なもの、両方が入り混じっていておもしろいね。

ユッケ　「姿勢に気をつけている」って回答がすごく多くてびっくりした！

かん　姿勢って正しいものがわからなくて難しい。意識しても、これであってるのか……？って不安になっちゃう。

もぐもぐ　あと、「笑顔を大事にしている」と答えてくれた人も多かったね。

◆なにより、どんな気分の時でもそれを表に出さず、常に笑顔でいること。特に会社では周りが気持ち良く仕事ができるよう心掛けており、正直これが外見上の評価という意味でも一番効果があるように思います。（24歳 会社員）

ひらりさ　私、ライターとしての仕事でニコ生に出ることとかあるんだけど、あとで友達が撮ってくれたキャプチャを見ると、驚くほど表情が死んでることがあって、毎度新鮮に絶望するんだよね（笑）。オタクに笑顔はむずかしい……。

ユッケ　オタクは関係なくない!?（笑）みんなは笑顔について何か意識してることってあるかな？

HUGO BOSSの香水。プラハの空港で一目惚れならぬ〝ひと嗅ぎ惚れ〟して買った思い出も含めて、つけると気分が上がる。（もぐもぐ）

もぐもぐ　何も意識してないな……。むしろ、不機嫌なときに不機嫌であることをちゃんと自覚するようにしてる。

ユッケ　へぇー！　不機嫌を自覚したら、どう対処するの？

もぐもぐ　今日はニコニコしていられないけど、その分言い方とかは投げやりにならないように気をつけよう……ってなる。自制だね。

ひらりさ　なるほど。「アイドルをやめた女」の場合は、笑顔が必須のお仕事をしているうちにつらくなっちゃったんだよね。

かん　笑顔の強制はしんどいと思う。でも、特に女性は「とりあえず笑顔でさえいれば、いろいろとうまくいく」っていう場面も往々にしてある気がする。むしろその方が楽って感じる人もいるんじゃないかなぁ。私はすぐに真顔になってしまいますが……。

ひらりさ　ここからは、アンケートに寄せられた具体的な回答をいくつか見ていきながら話そうか。次の回答は「技術の習得による上達の楽しさ」の一つの方向性ですね。「パーソナルカラーに救われた女」に近いものがある。

◆1にも2にも男ウケ！　今まで全く男性に縁がなかったが、化粧を覚えて途端にモテ出したのが気持ちよくて……モテを維持しつつ、適度に遊んでいます！　毎日自分を磨くのが楽しいです。（26歳 看護師）

ユッケ　すごいね、努力の結果が出ている！　美人でも化粧が上手でも、みんながモテるわけではないので、きっとこの人はそれ以外の部分の魅力もあるんだろうな。

◆コスメ・服に限らないですが、好きなモノ・色を身につけて気分をあげたほうが、結果的に周りから見た時もいい感じに見えるんじゃないかな？

（33歳　パタンナー）

ひらりさ　「自分の好きなもの」を選ぶのか、もしくは誰かの意見を参考に「似合うもの」を選ぶのか。人によって大きく方針が分かれるよね。

もぐもぐ　私は完全に前者！　心がときめくかわいいもの、好きなものを目に入れていたい。HKT48の指原莉乃さんがリップの選び方について「テレビでつけるのは似合う色、握手会は好きな色」って言ってて超いいなと思った。私は握手会にアイドルとして出ることはないけど（笑）、考え方はすごく近いな。

ユッケ　私も前者かな。パーソナルカラー診断では「ブルーベース夏」と判定されたんだけど、その系統の服だとテンションがあがらなくて、つい「イエローベース秋」の服ばかり着ちゃうの。でも診断の時に緑色のストールをあてたら本当に顔色が悪く見えたので、緑だけは買わないようになった。

かん　私はファンデーションの色味みたいに自分にとってどうでもいいものは「似合うもの」、それ以外は「自分が好きなもの」を選ぶって決めてる！　折衷案って感じかな。ひらりささんは？

ひらりさ　私はまだおしゃれ修行中の身なので、「似合うもの」優先かな……。だんだん「似合いもするし好きなもの」が選び取れるようになってきた気がしている。

かん　ひらりささんは、似合うものを選ぶと周りから褒められることが増えて、結果としてテンション上がるっていう正のループにハマれてる感じがする！

もぐもぐ　「好きなもの」か「似合うも

の」論争、この4人の中でもスタンスがさまざまだね～。

ユッケ　精神的なマイルールを答えてる人も多かったね。みなさんストイックですごい！

◆心理的なものなのですが、自己肯定感を満たすために、鏡を見る前に自分の姿を物凄くブスだと想像します。その後そのイメージのまま鏡を見ると、想像よりはもちろんかわいい。「オッ！　かわいいじゃん！　今日も生きていける!!」と自分に言い聞かせています（笑）（23歳）

◆口が悪いので、暴言を吐きそうになったら「○○くんならそんなこと言わない」と、心に推しを飼うようにしています。自分で自分を褒めまくって自信と自己肯定感をアップ！（22歳 会社員）

ひらりさ　自分で自分の機嫌を取って生きていてえらい！

美意識は周囲に伝染していく!?

かん　「おしゃれについて目標にしている人は？」という質問もしました。石原さとみさんという回答が一番多かった！　かわいいよね～。

◆推しに会う前に寝て起きたら石原さとみの顔になってないかなぁと切望します。（32歳 会社員）

◆石原さとみさん。全部大好きです。目標というかあこがれの方がしっくりくるのですが、ドラマや雑誌の服やメイクをよく見ています。この前はドラマ『アンナチュラル』で石原さんが付けてたティファニーのネックレスを買っちゃいました。（25歳 会社員）

ユッケ　石原さんはメイクについて研究熱心で、ドラマや舞台のメイクを自分でやっているって聞いたことがある。元からもちろんかわいいけど「努力してさらに美しくなっている」というストーリーがあるところも、あこがれるポイントだと思います。

ひらりさ　あとは佐々木希さん、小嶋陽菜さんという回答が多かったですね。

もぐもぐ　こじはるさん、一見ふわふわしてるのに頭が良くて意思が強いところが良いよね。雑誌のインタビューもたびたびSNSで話題になってているイメージ。

ユッケ　家族や会社の同僚、友人など、身近な存在を挙げている人も結構いるね。素敵に生きてる年上の女性を見るとやる気出る！

かん　良くも悪くも、自分のお母さんのことを意識しちゃう女性って多いイメージ。よしながふみさんの漫画『愛すべき娘たち』もそういうテーマだよね。

ひらりさ　私もそうだな。私の母親は色白の美人でモテエピソードがたくさんあるんだけど、母親から「かわいい」って言われても「でも私はお母さんみたいにモテたことねえし……」ってどこか卑屈になってしまう部分があるんだよね。実家出てからの方がのびのびとおしゃれできているのは、その影響があるのかもなぁ。

ユッケ　友達を挙げる人も。

◆目標というか、親友がす〜〜〜ごい美人すぎて眩しいので、その子と並んでも恥ずかしくないように頑張ってます。

（23歳 会社員）

ひらりさ　わかるなあ。私は劇団雌猫のみんなと一緒にいることで美意識が高まったよ。

もぐもぐ　たとえばどういうことがきっかけで？

ひらりさ　かんがトリートメントしたばかりで髪がトゥルットゥルしてたり、ユッケさんが現場に行く前にヘアセットしてもらってたりって話は出るじゃん。それって、自然といろいろなおしゃれ情報が入ってくるってことじゃない？　すると、自分も考えたり何か行動したくなってきちゃうんだよね。

かん　トリートメント、ヤバイ時は月2回してましたね。浪費王なので……。

もぐもぐ　（笑）。SNSによって「誰かが美のためにしているアクション」を、より具体的に知るタイミングが増えたよね。

ユッケ　ヘアセットは良いですよ。私、

髪の毛を自分で巻くのが本当に下手なんだけど、やっぱりセットしてもらうとすごく垢抜けるから、プロの力を借りる。現場ではかわいい自分でいたい。

かん　お金で解決できることってたくさんあるけど、お金は有限だから、どこに使うか・投資するかって人によって違う大事なポイントだよね。

ひらりさ　自分の通っているオタク現場にいる人々が目標という人も結構いました。

ユッケ　素敵なファッションをしてるオタクって目立つから、やっぱり意識しちゃう！

もぐもぐ　現場でのおしゃれって日常生活とは違ったりするよね。ただ自分をかわいく・きれいに見せたいっていうだけじゃなくて、「武装」っていう感覚もある。ライブに参加することを「参戦」っていうくらいだもんね。

かん　分かるかも。ファンの年齢層が低めの現場には「トレカいっぱい持ってるので声かけてください」アピールのためにあえて分かりやすいブランドのポシェット持って行ったりするわ……。

もぐもぐ　完全に威嚇だ（笑）。

ユッケ　大人はブランドで武装できる。

空想の「他人の目」にとらわれない

もぐもぐ　「美意識がガラリと変わったエピソードがあったら教えてください」という質問では、「推し」にかかわるネタや、パーソナルカラー診断という回答が多かったです。もちろん、周囲からの影響で意識が変わった人も。

◆SNSで知り合ったゆるふわ系女ヲタクから「アニメの抱き枕カバーが部屋にありそう」と言われた時、死ぬほどムカついてお前よりおしゃれになってやると決意しました。（推しの抱き枕カバーを持っている方を貶める意図は全くありません）　（27歳 会社員）

◆元バイト先の4つ上のお姉さんが誕生日に香水を贈ってくれたこと。初めて自

分の香水を手にしたのでドキドキしながらも毎日つけていました。（23歳 学生）

ランコムの美容液ジェニフィックアドバンスト。これさえあれば、あとはどんなにプチプラの化粧水を使ってもぐんぐん肌が潤っていくので、結果コスパ良い！（ユッケ）

ユッケ お前よりおしゃれになってやるって決意したエピソード、良いな。勝手にさせてくれって感じだよね！

かん 香水を贈ってもらったエピソードは、映画の『キャロル』を思い出した。歳の離れた女2人の関係の話で、ケイト・ブランシェット様演じるキャロルが、ルーニー・マーラが演じる年下のテレーズにメイクの手ほどきをしてあげるシーンがあるの。

もぐもぐ 私たちも、たまにコスメとかアクセサリーをプレゼントしあうよね。

ユッケ 小学校の時、予算500円で紙石鹸とか当時のおしゃれアイテムを誕生日プレゼントで交換しあってたのを思い出してワクワクするんだよね！

ひらりさ 前にかんが、みんなが集まるタイミングでCHANELのちょっとしたコスメをプレゼントしてくれたの、すごいうれしかった！ 昔は誕生日にドラマCDをもらったりしていたので、すごい変化だ……。それも本当にほしかったんだけど（笑）。

そうそう、「メイクや服選びなどで悩んでいることがあったら教えてください」という質問もありました。そもそもやり方や似合うものが分からないという人が多かった一方で、パーソナルカラーや骨格ってそんなに気にしないといけないの？と疑問を投げかける声も……。

ユッケ　劇団雌猫は全員パーソナルカラー診断済みだよね。

もぐもぐ　エンタメとしてすごく楽しかったし役に立った部分もあるんだけど、縛られすぎてしまう危険もあるなって思う。「ブルベ夏に合う」ってTwitterで書かれていたリップじゃないと買えない！みたいな。

かん　そうだね。一方で、客観的な意見を参考にして効率よく「正解っぽいもの」を選んでいきたいって気持ちは分かる。人生短いので……。

もぐもぐ　基本の診断結果は4つに分けられるけど、みんながドンピシャにあてはまるわけではないもんね。グラデーションのところは自分で探っていかないといけないけれど、それを前向きに楽しめるか、強迫観念になってしまうかの違いは人によって大きそう。

ひらりさ　トレンドもあるしね。一時期みんながサッシュベルトしてたけど、あれが本当に似合ってる人ってどのくらいいたんだろう、とか考えてしまう。

ユッケ　オフショルダーとかワンショルダーもそうだよね。私は現場では推しに素敵なお姉さんに見られたいのでオフショルを着ますが……（笑）。

ひらりさ　「周りからは同じように見えていても、人それぞれスタンスは違うかもしれないから決めつけてはいけない」というのが、この本の趣旨のひとつでもあるかなと思います。

かん　宇垣美里さんや長田杏奈さんのインタビューも、美意識の多様性にふれたコメントが多かったね。おしゃれって、すごく自由なものなんだって、メッセージを受け取って、泣きそうになっちゃった。

ひらりさ　年齢相応のおしゃれがわからないという悩みを書いてくれた人も多かったけれど、私はむしろ、30歳が近づいてきて、自意識から少し自由になれた感覚がある。ナイトプールへ行くことに決めてダイエットして、当日めっちゃ自撮りしたり。周りからどう見られるかを考えることも大事だけど、空想の「他人の目」にとらわれるのをやめると、すごく楽しくなるなぁと思います。

ユッケ　私も、自分が思ってるほど周りは自分のこと気にしてないってことに最近ようやく気付いてきた。

もぐもぐ　うんうん。ファッションやメイクを選ぶって、なりたい自分を作っていくことなんだなってあらためて思ったよ。最近気が抜けた格好してることが多いから反省しなければ……景気づけにハイヒールとか買いたい！

かん　子供の頃に「めちゃくちゃ強くて図々しいな」と思って眺めてたお姉さんたち、今思うといろんな葛藤を経て解放された、自由を勝ちとった人たちなのかもね……。

ひらりさ　映画『オーシャンズ8』では、まさに私達より年上の女性がそれぞれにピッタリ似合ったおしゃれを楽しんでいて。その姿が本当によかった……。年下の女の子に「強くて図々しい」と思われるくらいの自由な女になっていこう！

天然石のアクセサリーが
2000円台で
買えてしまうブランド
Biju mam（ビジュマム）
に出会ってから、
指輪熱がやばいです。
ネイル同様、
指を見ると
幸せになれる！
（ひらりさ）

おわりに

「インターネットで言えない話を集めて、同人誌にしよう」

24時間365日、LINEとTwitterでつながりつづけていた私たちが、そんなアイデアを思いついたのは、2016年のこと。

アラサーオタク女4人でおしゃべりするのは無限に楽しくて、友情の証に何かを残したくて、100パーセントノリと勢いだけで始めた匿名同人誌が〈悪友〉シリーズです。第一号として送り出した『悪友vol.1 浪費』は多くの反響をいただき、最終的に『浪費図鑑――悪友たちのないしょ話』（小学館）として書籍化もしました。

本書『だから私はメイクする――悪友たちの美意識調査』も、同人誌『悪友DX 美意識』をもとにした一冊。「オタク＝おしゃれやメイクとは無縁」というイメージを覆すことを裏テーマとした同誌は、オタクに限らない多くの女性から、支持を得ました。

おしゃれは、万人にひらかれているし、もっと自由なものでいい。人からどう見られるかなんて気にせずに、純粋にコスメの造形やつけ心地を楽しんだっていい。もちろん、

見た目を自分のアドバンテージととらえて、徹底的に他人ウケを狙うのだって、ひとつの生き方。「おしゃれとはこうあるべき」というすべての先入観をなくしたいのです。バラエティゆたかな寄稿、500人以上の方にご協力いただいたアンケート回答、そしてすばらしいゲストを招いてのインタビューと、『悪友DX 美意識』よりもパワーアップした内容をお届けできて、私たち自身がいちばん達成感を抱いています。

何よりうれしかったのは、〈悪友〉の表紙イラストをお願いしているkamochicさんに、本書のイラストを描いていただけたこと。本当にありがとうございました。

この他、写真家の飯本貴子さん、デザイナーの佐藤亜沙美さん、DTPを担当された髙井愛さん、同人誌版でご協力いただいたたまごボーロさん、そして担当編集・竹田純さんにも大変お世話になりました。そして、エッセイを寄せていただいた女たちへの感謝をこめて、本書をしめくくりたいと思います。

これからも、楽しくおしゃれできますように！

2018年10月　劇団雌猫一同

劇団雌猫（げきだんめすねこ）　Twitter：@aku__you

平成元年生まれのオタク女４人組（もぐもぐ、ひらりさ、かん、ユッケ）。2016年12月にさまざまなジャンルのオタクがお財布事情を告白する同人誌『悪友 vol.1 浪費』を刊行し、2017年８月には『浪費図鑑』（小学館）として書籍化。現在は引き続き〈悪友〉シリーズを編集するかたわら、主催イベントや連載など活動を広げ、それぞれの趣味に熱く浪費している。

だから私《わたし》はメイクする

悪友《あくゆう》たちの美《び》意《い》識《しき》調《ちょう》査《さ》

2018年11月10日　第１刷発行
2018年11月15日　第２刷発行

編著者　劇団雌猫《げきだんめすねこ》

発行者　富澤凡子

発行所　柏書房株式会社
〒113-0033
東京都文京区本郷 2-15-13
電話 03-3830-1891（営業）／03-3830-1894（編集）

AD・デザイン　佐藤亜沙美
本文デザイン　芦沢沙紀（サトウサンカイ）
イラスト　kamochic
DTP　髙井愛（グライド）
印刷　壮光舎印刷株式会社
製本　小髙製本工業株式会社

ISBN 978-4-7601-5048-9